絵本力

―SNS時代の子育てと保育―

浅木尚実［著］
ASAGI Naomi

ミネルヴァ書房

はじめに

文明の進化がさまざまな分野でテクノロジーを産み、現代は携帯電話やパソコンなしの生活は考えられないくらい便利になりました。通信手段も、ITと切っても切れません。ひととひととの関わりは、SNSを利用することによって、自宅に居ながら世界中のひととの交信ができる時代になったのです。しかし、子どもとテクノロジーの関係は未知の世界です。子育てや保育に安易にSNSの世界を持ち込むのは慎重になる必要があります。どんなに便利な世界になっても、ひとを育てる手間や手段を便利な機械に任せることはできません。まだ産まれて間もないひとにとって、身近なひととの交流が最優先で、親子や兄弟や子弟の関係から人間関係の輪は広がっていきます。

便利な時代には、過去から連綿と続いてきた多少手間がかかるアナログな作業を敬遠しがちです。しかし、幼年期は瞬く間に過ぎ去っていきます。本書では、今一度便利な世の中での幼い子どもの子育てや保育のあり方を考えてみたいと思います。ひとは誰でも幸せな人生を望んでいます。橘玲は『幸福の資本論』（橘玲『幸福の資本論――あなたの未来を決める「3つの資本」と「8つの人生パターン」』ダイヤモンド社、2017）の中で、幸福になるためには、3つの資本が必要だと論じています。一つは金融資産、もう一つは人的資産、そして三つめは社会資産です。

乳幼児期から、築いておく資産は、人的な資産ではないでしょうか。この時期、必要なのはSNSによる刹那的なひととのつながりではなく、すぐそばにいるひととのゆるぎない信頼関係です。筆者は子ども図書館に勤務していた経験から、絵本がひととのつながりを築く力を持っていることに注目してきました。その後の保育士養成の大学生からも親子の絆についての多くの証言をもらい、自身の子育て経験からも、絵本が親子の絆を結ぶ力を持っていることに自信を深めてきました。絵本を読むことで子どもに愛情を注ぎ込んでいることに大きな可能性を感じています。

絵本の力を見直し、子どもとの絆を結ぶ手段の一つに選んではどうでしょうか。絵本がつないだ親子や先生との思い出は、子どもがおとなになった後も忘れることはありません。ある学生が、自分が思春期になり、反抗して部屋に閉じこもったとき、絵本を眺めて心を落ち着かせていたというエピソードを聞かせてくれました。その絵本からは、読んでくれた母親の声が聞こえたそうです。

絵本は子どもの友だちです。いつも一緒にいて、楽しいことを体験させてくれます。大きくなってから、子どものときに読んでもらった絵本と出会ったとき、なつかしい気持ちになり、読んでもらったときの大好きな両親のぬくもりに包まれた安心感が溢れだします。子ども時代に絵本と出会えるかどうかはご両親の気持ち次第です。誰も絵本の楽しさを伝えてくれなければ、子ども時代は、絵本に出会うことなくあっという間に駆け抜けていってしまいます。

絵本が大好きになる不可欠な条件は、誰かと一緒に読むことです。家庭では、おとうさんやおかあさんやきょうだいと、保育園や幼稚園では、先生や友達と…それぞれ絵本を読むとき、必ず楽しみを分ちあえる誰かがそばにいることで、絵本はより楽しくなるのです。

本書は、今まで、子育てや保育をしていく中で、子どもの文化環境の一つとしてしか見なされてこなかった絵本に焦点をあてています。絵本のイメージは、すぐ読める、絵が多い、とりあえず子ども向き、なぜ絵本を読むのか正直よくわからない…など、絵本の力は、世の中にまだまだ浸透していません。しかし、絵本とは、豊かな親子で楽しむライフワークを提供し、子育てや保育を思いっきり楽しく思い出深い時間にする大切なパートナーなのです。おとなも子どもも絵本を共に楽しみながら、子どもの脳も心も、想像力もことばも人間関係も豊かにしていく力をもつのが絵本です。もっと絵本の力を見直してほしい——これが本書の願いです。

集団生活の中でも、絵本は大活躍する力をもっています。遊びながら、絵本のことばが合言葉になり、友達との仲間意識を高めたり、想像力を刺激しておはなし作りが始まったり、魔女やおばけやごっこ遊びが始まるきっかけも、絵本が火付け役になり、大活躍することが多々あります。

絵本は、おとなに読んでもらいながら、友達と遊びながら、楽しくこころや脳にたっぷりとした栄養を与えます。絵本にはどれほどの力があるのか、また、子育てに必要なエッセンスが詰まっているのか、本書では具体例をあげながら、絵本力に迫りたいと思います。

さて、私自身、白鷗大学の教育学部で「乳児保育」「保育内容・言葉」「絵本論」などの授業で教鞭をとりながら、日々絵本の力を学生に力説し、本書を執筆しています。一方で、5歳を頭に3歳、1歳、0歳と続く4人の孫と遊んだり、一緒に料理をしたり、育児に奮闘する娘や息子たちに子育ての援護射撃をしています。自身の3人の子育てや現在の孫育ての経験から、絵本にどれだけ助けられてきたかわかりません。

先日も上の2人の孫が、産まれたばかりの新生児のおへそを見て、「どうしてあかちゃんのおへそはでっぱてるの?」と聞いてきました。私はこの機を逃すなと『誕生の詩』(トーマス・ベリイマン、ビヤネール多美子訳、偕成社、1978、あかちゃんが胎内でどのように成長し、誕生してくるかを描いた絵本)を読み聞かせました。じっと絵本の写真を眺めながら、あかちゃんが生まれるまでの軌跡を聞いていた孫娘は、自分たちもお母さんのおなかの中でおへそからご飯をもらっていたという事実にたいそう驚きました。何を思ったのか、その場から走り去り、引き出しから赤いハート型の宝箱を大事そうに抱えて戻ってくると、自分の「へその緒」と新生児のものとを比べあい、「ねっ、お母さん」と母親とうなづきあう出来事が発生しました。子どもといると日々新しい発見があります。

さて、私にとっての絵本の原点は、恩師である児童文学者石井桃子主宰の「かつら文庫」です。残念ながら子どものときに、文庫に通ったわけではありませんが、20代の頃、「かつら文庫」でおねえさんとして働かせてもらいました。後に、公益財団法人東京子ども図書館の職員となり、勤務しながら、多くの絵本と子どもとの関わりを学びました。その後も、絵本と子どもに関わる講演や授業を通して、「子どもにとっての絵本は育っていくときの伴侶である」という信念は、ゆるぎなく続いています。

絵本が引き出す子どもの力を、家庭でも教育界の先生にも、知っていただき、絵本と子どもの絆を深め、子どもが未来にはばたく準備を整えていただきたいのです。

本書は、理論編と実践編に分かれています。理論編では、乳幼児の発達の特徴や絵本とのかかわりの中で、絵本にはなぜ力があり、子どもの育ちに必要かを説いています。実践編では、絵本を通して子どもが育つさまざまな姿のエピソードを、育児中の方や幼稚園、保育園の園長先生に本書のためだけに集めていただきました。実際の生き生きとした子どもと絵本とつきあい方に触れながら、絵本の力が子どもに多くの可能性を与えていることを知っていただくことが本書の願いです。

本書の構成

【理論編】

第1章の「絵本が育むひととの絆」では、絵本を読んでもらうおとなとの関わりについてです。大好きなおとなと絵本を通して楽しみの時間を共有することは、子ども時代の醍醐味です。大好きなひとから絵本を読んでもらう時間は、子どもにとって特別な時間です。その時間は普段忙しいおかあさんやおとうさんを独り占めできる至福の時といえるでしょう。絵本を介してしっかりと親子の絆が結ばれていくことを実感できるのも、育児の楽しみです。

第2章「絵本が育てる子どものことば」の中では、絵本が日常生活では体験できない世界を子どもたちに提供することで、読んでもらう絵本を無理なく楽しみながら、子どものことばの力を育てていることを実証しています。

第3章「読み聞かせの醍醐味」では、視覚文化ばかりがあふれる現代において、聴くことの重要性に触れています。ラジオがテレビに切り替わり、多くの映画やアニメが子どもに差し出される視覚的に豊かな世界は、子どもが自分で想像していく力を奪っていくように思えてなりません。絵本が絵を読み、聴く文学であり、読み聞かせが、いかに子どものさまざまな発達を促しているかを説明いたします。

第4章「絵本が育てる子どもの力」では、ロングセラー絵本を取り上げ、子どもはどんな絵本が好きなのかを考えていきたいと思います。長い間途切れずに出版していくためには、読者層の確かな地盤が必要です。何世代にもわたって読み継がれ、図書館でもボロボロになるほど貸し出されて買い替えが必要になる絵本とはどんなものがあるのか？　紐解いていきたいと思います。


【実践編】

第5章「絵本のことばが合言葉」では、幼稚園や保育園の現場での子どもの生き生きとした姿を公開しています。1冊の絵本から、子ども同士がどのようにことばを遊んでいくか、感性を豊かにしていくかを多くのエピソードが物語っています。

第6章「絵本は遊びの火付け役」では、保育園、幼稚園の集団生活でも、絵本が大活躍している様子をご紹介していきます。絵本をきっかけにしてさまざまな遊びが発生していますが、その具体的な実話が展開されています。

第7章では、世の中の不思議に疑問や質問を繰り返す幼児期に、きちんとした情報を伝えるためにも絵本の力が欠かせません。ノンフィクション絵本が、さまざまなテーマの子どもの質問に、絵本が答えるミニブックトークの手法を紹介します。

絵本は教材として早期教育に使われるものではありません。頭のいい子に育てたい、言葉を早く覚えさせたいという願いは親の共通の願いですが、絵本を教育書や啓蒙書として考えるのは逆効果です。

本書を通じて絵本のもつ力を知り、絵本と子どもの世界を楽しみながらつなげていただければこの上ない喜びです。

『絵本力――SNS時代の子育てと保育』目 次

実践編――エピソードでわかる絵本力

理論編

——絵本にはなぜ力があるのか？

第1章　絵本が育むひととの絆（愛着形成）

1 子育てとカンガルーポケット

(1) 泣き声がことば

絵本に力があることをお話する前に、絵本の力を吸収するあかちゃんは、誕生直後からコミュニケーションの能力が備わっています。あかちゃんの最初のことばは、泣き声です。あかちゃんの泣き声は、ひとをひきつけるシグナルです。ひとは、誕生した瞬間からひととの親密な関係を求めます。本能的に新生児は、出生直後から3時間ほど覚醒して眠りにつきません。おかあさんやおとうさんに抱かれたり、看護師さんに体重を測られたりした後、安心したように眠りにつきます。同時におかあさんもあかちゃんの行動に敏感に反応していきます。

おかあさんとあかちゃんの結びつきは特別です。あかちゃんは、生まれてすぐ胎内で聴いていたおかあさんの声を認識します。次に抱っこされ、おっぱいを飲みながら、しっかりとおかあさんの顔を見つめ、顔を認識していきます。同時に抱っこのぬくもりやおっぱいの匂い、味を覚えます。このように瞬く間に視覚、聴覚、嗅覚、味覚、触覚といった五感すべてで、おかあさんを認識していきます。自分を胎内で育てている母親を認識する能力が一番先に発達するのです。一方、おかあさんも、あかちゃんの寝かしつけや抱っこをするとき、心音の速度はゆるやかになります。あかちゃんも心音がゆっくりと同調していきます。これを「引き込み現象」といいますが、起きているときにも身体コミュニケーションとして、お互いの体を通して相手との関係を築いていきます。あかちゃんは、泣くことがひとを呼び寄せる唯一無二の手段です。生後2カ月頃から泣きが増えていきますが、やがて目覚めている時間が長くなり、周囲の情報を取り入れながら、脳の機能を発達させているのです。

(2) ひとへのメッセージとしての泣き

「あかちゃん学」とはあまり聞きなれないかもしれませんが、あかちゃんを対象とした研究のことをいいます。今まであまり知られていなかったあかちゃんの能力ついて、近年目覚ましい勢いで研究が行われています。アメリカでは、１９８０年代にアリソン・ゴプニックが、あかちゃんはあらゆる事象にアンテナを張る有能な科学者であると発表しました（アリソン・ゴプニック、青木玲訳『哲学するあかちゃん』亜紀書房、２０１０）。あかちゃんには豊かな想像力があり、人も愛することができ、豊かな世界をゆっくりと体験するという「科学革命」説は、大変な反響を呼びました。脳内の前頭前野が未成熟だからこそ、おとなに勝る想像力と学習能力を発揮できるというのです。

日本でも同志社大学の「赤ちゃん学研究センター」では最新の研究成果が公表されています。例えば、赤ちゃん学の第一人者、前小西行郎前センター長によると脳の発達でいえば、胎内では受精後3日という早い段階で脳が分化し、3カ月には脳が大脳、小脳、延髄へと形作られ、4カ月には前頭葉、頭頂葉、後頭葉が形つくられていくというのです。誕生後は、8カ月から1歳までは、脳の神経細胞のニューロン同士がくっついたシナプスがおとなの1・5倍とピークを迎え、その後、役に立つシナプスだけが残り、役に立たないシナプスは淘汰されていきます。シナプスの刈込み現象は、生まれた環境によって変わってくるのですが、ことばの発達についてみると、理解しやすいと思います。

日本で生まれたあかちゃんは、周囲から日本語で話しかけられることが多いので、日本語の情報伝達に有益なシナプスが残り、他の言語獲得のためのシナプスは刈り込まれていきます。シナプスが減少するのは、新しいことを吸収するために必要不可欠で、整理された後、脳のネットワークは新しく複雑に張り巡らせていけるのです。

胎内ですでにできている脳を使って、果敢に世の中の情報をキャッチしています。世話してくれるのは誰なのか？　おいしくて空腹を満たしてくれる温かい汁はなんなのか？（新生児は「おっぱい」ということばに反応します）いつも高いやさしい声で語りかけてくれるひとは誰か？　散歩中に向こうからやってくる白い毛だらけのものは何か？　外に出ると、どうしてほっぺたに冷たい目に見えないものが吹きつけてくるのかなどなど……疑問は尽きません。そのたびに、あかちゃんは脳内で情報処理を行い、シナプスなどの神経細胞をつなげているのです。そのデータ処理能力は、高度なコンピューターより精密です。

このようなに有能なあかちゃんの能力が解明されている一方で、あかちゃんへの誤解はまだ根強いものがあります。泣き声は、空腹や排せつのサインだけではありません。大人へのメッセージです。ひととふれあいたい、誰かに世の中の不思議を教えてほしいというメッセージも多いのです。泣き声だけではありません。ひとだけに与えられた笑うという感情もあかちゃんにはすぐに備わっていきます。最初は原始的な笑いであった生理的微笑は、２ヵ月ごろから社会的微笑といわれる人に向けられた笑いに変化してきます。朝起きたばかりのご機嫌のいい時間に抱っこすると、まるでおしゃべりをしているかのようなクーイングといわれる語りかけがあかちゃんから発せられます。生まれてからすぐに、あかちゃんはことばのやりとりができるのです。

(3) マザリーズ

おかあさんの声や語りかけが、あかちゃんを泣き止ませる効果が抜群なのには、しばしば驚かされます。実は、あかちゃんは、胎内から聞きなれたお母さんの声に反応し、おかあさんを呼び寄せ、やりとりを望んでいるのです。

一方、育児中のおかあさんも、あかちゃんへの語りかけに特徴があります。ゆっくりと抑揚のあるやさしい語りかけ方はマザリーズと呼ばれ、万国共通にみられる現象です。育児に集中するおとなに誰でも表れるやさしい声は高音で、抑揚があり、リズミカルに繰り返されます。「おっきしたの？」「おっぱいあげましょうね」と語尾上がりの語りかけがあかちゃんに意味がわからなくても、音楽的なことばとして届きます。あかちゃんにとって、ことばとは音楽といってもいいくらい、心地よい響きとしての効果があります。マザリーズに耳を傾けながら、母親との二者関係を築き、ことばを蓄積しています。最近は育児に参加するおとうさんにもこの特徴がみられます。おとうさんのやさしい語りかけはファザリーズというそうです。

最初に絵本を読むおとなは、あかちゃんがこの世で一番に信頼するひとといってよいでしょう。新生児の視力はたったの約0・02といわれています。これは抱っこされたときにおとなの顔が至近距離で見える視力です。誕生後数週間すると、あかちゃんはじーと人の顔を見つめるようになり、視線を外しません。なぜなのでしょうか。あかちゃんは顔が大好きだからなのです。

最近のあかちゃん学では、あかちゃんにいろいろな実験をすることがありますが、あかちゃんの顔認識の実験では、さまざまな目鼻立ちの顔の図像を見せたとき、たとえば福笑いのような目鼻がバラバラの顔や逆さまの顔より、一般的なひとの顔を一番長く注視することがわかっています。このことは、生まれたときから、あかちゃんがひとの顔に興味がある証拠で、5カ月くらいから「いないいないばあ」遊びに大喜びする姿が見られます。このことからも、ひととのコミュニケーションはごくごく最初から始まっていることがわかります。

(4) 天使の微笑み

あかちゃんは、誕生直後から笑ったような表情を見せますが、2カ月頃から語りかけるように、笑いの表情を見せてくれます。その社会的微笑といわれるかわいい微笑みは、ひとに対してしか見せません。おもちゃや出来事ではなく、ひとの顔に対しておしゃべりのように語りかけているのです。

ご機嫌なときに見せてくれるこの天使のような微笑みに、思わず知らず反応し、やりとりが始まります。心と心が結ばれていく至福の時間を産みだします。相互作用の主導権はあかちゃん側にあり、泣いたり、笑ったりして周囲のおとなを引きつけてやまないのがあかちゃんの優れたコミュニケーション能力です。このことは、「2　あかちゃんはなぜかわいい？」でもう一度説明します。

(5) あかちゃんのコミュニケーション能力

生まれたばかりのあかちゃんは孤独です。えっ！　まさかと意外かもしれませんが、胎内でひととしての運動能力もこころの土台もしっかりと育っているあかちゃんですが、社会的な活動は何一つ経験していません。誰ひとり知り合いもなく、愛されるってなんだかわからず、もちろん家族の存在も知らず、もちろん自分が誰なのかも知らずに産まれてくるのです。

こうして、誕生するまでおなかの中でたった一人きりで頑張っているあかちゃんに、「ようこそ」「わたしたちがあなたのそばにいるよ」と安心してもらうのがおかあさん、おとうさんの最初の大切な仕事です。

また、あかちゃんがおっぱいを飲むとき、何秒か飲むのを休む特性があることもわかっています。これはほかのほ乳類には見られない行動です。この休憩する行為こそ、ひとのあかちゃんがおっぱいをくれるひととのコミュニケーションをとりたがっている時間です。このとき、表情の模倣をしたり、語りかけのトーンをまねたりすることも研究でわかっています。あかちゃんは、笑いかけて語りかけてくれるひとの顔をしっかり見ながら、コミュニケーションをする能力を最初から備えているのです。ぶたのあかちゃんが、一斉に乳首に吸い付く光景は圧巻ですが、ときとして一匹だけはじかれてしまい、乳首にありつけないあかちゃんぶたが出てきます。少しでも口から乳首を離し、休憩した途端、他の兄弟に盗られてしまい、生存競争に負けてしまうのです。ぶたの授乳は、おかあさんぶたとコミュニケーションする時間も能力もないのです。

このように、人間のあかちゃんはコミュニケーション能力が低いという認識は捨て去らなければなりません。ことばを発しなくても、あかちゃんは泣いたり、笑ったり、手足の動きであったり、顔をじーっと見つめながら、周囲とコミュニケーションをとることを望んでいます。

あかちゃんの主体的な行動も重要視されています。何もわからないと思われてきた過去のあかちゃん観とは真逆で、あかちゃんをひとりのひととして、信頼関係を結んでいくことが肝要です。この信頼関係を結ぶ相手がいるかどうかで、その子の人生に大きな力と勇気を与えていくのです。1年間どのようにあかちゃんと関わっていくかで、その後の成長発達がスムーズにいくかどうか決まってくるのかもしれません。

(6) 抱っこで絵本

アカカンガルーが、赤ん坊をポケット（育児嚢）の中にいれて肌身離さず育てるのは有名な話です。実はカンガルーも未熟な状態で産まれてくるため、この母親だけについている育児嚢の中で、安心しておっぱいを飲み、敵や寒さから守られています。このような有袋類の子育て法は、コアラやフクロネズミも同様ですが、５～６か月頃に毛が生えそろうまで、育児嚢で育ちます。その後は外の世界に興味をもち、遊びに出かけ袋から出ていく時間も長くなりますが、甘えたくなったら袋に戻る生活になります。

生後1年がたち、独立するまで育児嚢の中で安全に子育てをするシステムは合理的といえますが、ひとのおなかに育児嚢がついていたら、どうでしょう。子どもが一歳になるまではとても重宝かもしれません。でもその間、清潔に保てるように袋を洗浄剤で洗ったり、匂いが気になってアロマオイルをスプレーしたり、他のお母さんたちと育児嚢談義をするのでしょうか？「うちの子はちっとも袋に戻ってこないのよ」とか「うちの子はまだ一度も出たがらないの」とか…。ちなみにオスのカンガルーには育児嚢はなく、子育てにも参加しないそうですが…。やはり、ひとが開発してきた抱っこ紐やおんぶ紐は、おかあさんでもおとうさんでもスキンシップできる便利な育児用品といえそうです。

心理学者の山口創は、こどもを「頭」「体」「心」の３つに分けるとすると、まず何よりも優先するのは「体」であると説明しています。体の表面を覆うこどもの肌を十分に満足させることで、知識や意欲や思いやりが育つというのです（山口創『子供の「脳」は肌にある』光文社新書、２００４）視覚や聴覚は客観性が強いのですが、肌にふれるスキンシップは主観的で脳に広範囲に直接働きかける作用があります。子どもは親に抱かれ、しがみつき、手を握ったり、肌と肌とのふれあいを繰り返すことによって相互に心地よさを味わい、愛情が深まる――これこそがスキンシップの醍醐味であり、肌が露出した脳である由縁でもあるのです。

あかちゃんにとって、初めて誰かと関わる経験は、五感を通して感じていきます。見て、聞いて、触って、嗅いで、味わって世界を認識していきます。ずっと羊水に浮かんでいた身体だったので、誰かの肌と触れ合うのは、胎外の空気の中で初めての経験となります。抱っこされたり、頬ずりされたりしたとき、皮膚が誰かの皮膚を触れ合う感覚を感じます。つまり、スキンシップを「アー、気持ちいいなぁ！」と快の感覚として感じるのです。

カンガルーのような育児嚢がついていないひとの子育てですが、スキンシップが欠かせないのであれば、あかちゃんを抱っこして絵本を一緒に楽しむのも、カンガルーポケットと同じ効果があるといえるのではないでしょうか。

2　あかちゃんはなぜかわいい？

(1) ほっこりオーラ

あかちゃんに会うと、なぜだかほっこりした気持になる方も多いと思います。もちろん、あかちゃんはひとを癒すために生まれてきたわけではありません。自分をちゃんと育ててもらえるように、ほっこりオーラを出しているのです。実はあかちゃんは、ひとに「かわいい」と感じさせるフェロモンを出しています。コンラート・ローレンツというオーストリアの動物行動学者は、そのしかけを「ベビーシェマ」あるいは「幼児図式」という特徴で表現しました。図１－１はローレンツの幼児図式をひとやうさぎ、とり、犬の親子で比較したイラストですが、おとなと子どもの外見の相違を示しています。

また、表１－１は、幼児図式の特徴をあげたものです。人間だけでなく、ウサギも犬も鳥も、子

図1－1　ローレンツの幼児図式

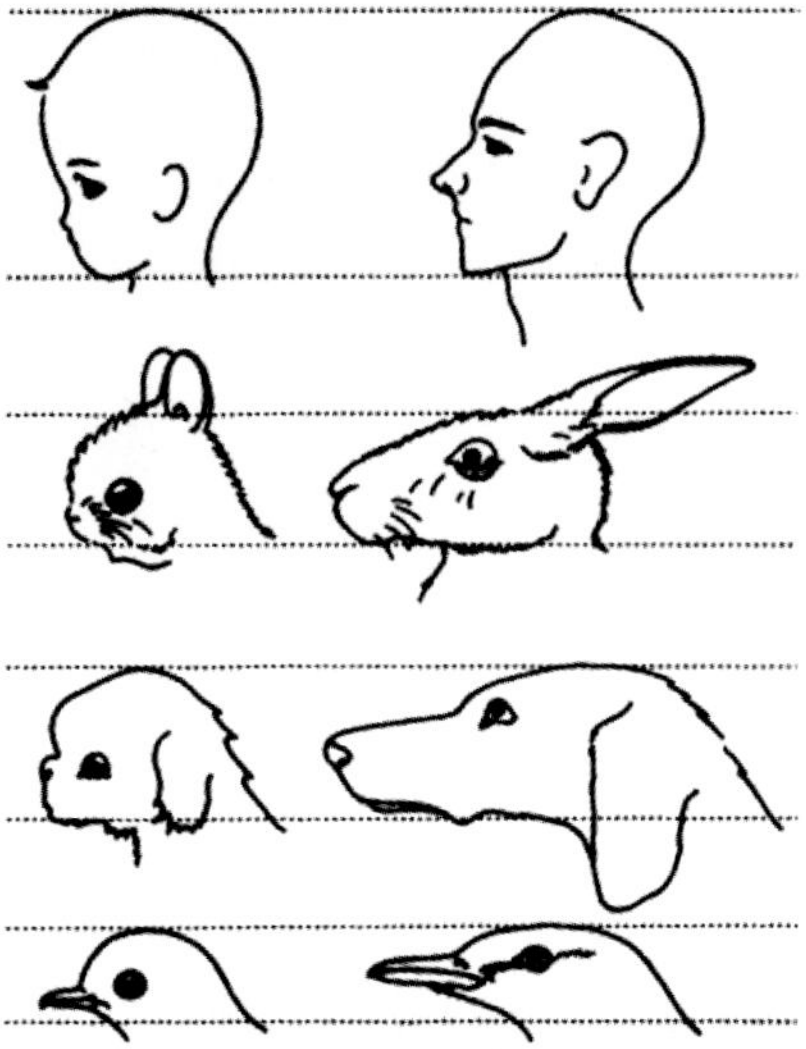

▶人間と動物における幼体と成体の東部の比率
左は「かわいい」と感じられる頭部の形態
（出所）　http://www.ipc.hokusei.ac.jp/~z00105/_kamoku/fig_hand/kawaii.gif

表1－1　ローレンツの幼児図式の特徴

① 目が大きく，丸くて，顔の中の低い位置にある
② 鼻を口が小さく，頬がふくらんでいる
③ 体がふっくらして，手足が短く，ずんぐりしている
④ 動作がぎこちない

どもの頃の方が丸みを帯びていて、目鼻が顔の下の方についています。

この「ベビーシェマ」からもわかるように、あかちゃんが「かわいい」オーラを発信している外見もそのしかけのひとつです。手足が短く、お尻がずんぐりしていて、くまさんのようにぎこちない動きをすることもたまらなく可愛さを感じさせます。実際、野生のくまは大変獰猛ですが、くまのぎこちない動き方や容姿をかわいくデフォルメしたのも、ひとがくまの特性を利用して「かわいさ」を想像して楽しんでいる証ではないでしょうか。多くのぬいぐるみや絵本に本性が隠されたかわいいくまが登場していることからもそのことがわかります。

▶天使の微笑み

このように外見からも「かわいい」あかちゃんは、しぐさや天使のような微笑やたどたどしいことばなどでも、わたしたちを魅了していきます。

さて、3カ月ほど経つと、あかちゃんはあやされると笑うようになります。生まれたばかりのときでも笑ったような顔が見られますが、これは生理的微笑といいチンパンジーやイルカにも表れます。しかし、ひとのあかちゃんだけ、3カ月ぐらいになるとひとにあやされたり、ご機嫌のいいときに内面からうれしくて笑います。これは、生理的微笑とは違い、人間だけに与えられたコミュニケーションとしての社会的微笑といわれる笑いです。この笑いは親しい関係のひとにしか見せてくれません。こうして、あかちゃんはかわいい外見や声とともに、無垢の微笑みでわれわれの心をとらえて離さないのです。

(2) いないいないばあ

「いないいないばあ」遊びが大好きなあかちゃんは、声をたてて笑います。大好きなひとの顔がかくれんぼした直後に現われるからです。いつも決まったひととふれあえる楽しい時間がうれしくて笑うのです。実は「いないいないばあ」とはひじょうに理にかなった育児法です。

哲学者の西村清和は、『遊びの現象学』（西村清和『遊びの現象学』勁草書房、１９８９）の中で、「いないいないばあ」を「かくれんぼう」と同じ構造をもつ遊びとして、「隠れん坊とは急激な孤独の訪れ」と哲学的に分析しています。つまり、「いないいないばあ」とは、「目の前から見えなくなる喪失感→再会できた喜び」の体験なのです。

ＮＨＫ（Ｅテレ）に「すくすく子育て」という番組がありますが、「いないいないばあ」をいろいろな顔で試す実験（開一夫『赤ちゃんの不思議』岩波書店、２０１１）をしています。「いないいないばあ」遊びをする中で、おとなが顔を隠して「いないいない」をした後、現れた顔が怒った顔と泣いた顔、能面のような無表情な顔で対応しました。どうなったかというと、あるあかちゃんは戸惑いの表情を浮かべ、あるあかちゃんは泣きだしました。「いないいないばあ」が一気に恐怖の遊びと化したのです。おとなでも、何人かで笑いながらおしゃべりをしている時、ひとりだけずっと無表情のひとがいたら、すごく気になりますよね…。ひとは群れて生きていく社会性の強い生き物なので、ひとの表情を読み取ることに長けて生まれてきます。ですから、われわれは、怒ったり、泣いたりした顔よりも無表情が怖いのです。

「いないいないばあ」の実験からもわかるように、あかちゃんは最初からしっかりとひとの表情を読みとることができることがわかります。笑いがコミュニケーションの潤滑油であることを本能的に知っている赤ちゃんの笑顔が、まわりにかわいらしさを感じさせ、しあわせな気持ちにしてくれているのです。

(3)『だるまさんが』がドテ！

いないいないばあは、ひととのコミュニケーションを楽しむ遊びということがわかったところで、次の段階としていよいよ絵本の登場です。近年、あかちゃん絵本が数多く出版されています。あかちゃん絵本の中には、リズミカルなことばが多い特徴があります。マザリーズ（p.7参照）が大好きなあかちゃんにとって、きちんと意味がわからないことばであったとしても、耳にここちよいリズムや音楽性のあることばにアンテナをはります。最初の絵本体験は、おひざの上から始まります。リズミカルに体を動かしながら、おかあさんやおとうさんと楽しむひとときがあかちゃんにとっては最高の瞬間です。

たとえば、絵本『だるまさんが』（かがくいひろし作『だるまさんが』ブロンズ新社、２００８）という絵本がありますが、大変人気のある絵本で、あかちゃんと絵本の初めての出会いにもお勧めです。

最初のページをめくると、ページいっぱいに描かれたユーモラスな表情をたたえた赤いだるまさんが、描かれています。そして、「だるまさんが…」という文章が添えられています。この後、ページをめくると、だるまさんは、「ドテ！」と転びます。だるまさんが起き上りこぼしで転ばないという常識はここでは通用しません。さあ、あかちゃんが、絵本好きになるためには、絵本と同じことをおとなと一緒に楽しむことが秘訣です。読み手のおとなは、だるまさん同様、あかちゃんを抱えたまま、「ドテ！」と自分も寝っ転がってはどうでしょう。あかちゃんとおとなとの運動遊び兼絵本遊びです。次のページでは、「だるまさんが…」といいながら、「ビローン！」と縦に傘のように伸びていきます。あかちゃんとおとなは立ち上がり、手を上に伸ばしながら「ビローン！」と伸びてみてはどうでしょう。このように絵本をあかちゃんとたのしむことを繰り返していると、じきに、あかちゃんは主体的に絵本の絵を見ながら、「ドテ！」と言いながら寝ころんだり、「ビローン！」と伸びたり、「プシュー！」としぼんだりしながら、絵本の世界を遊び出します。絵本の世界を模倣しながら体感して想像力が育っていきます。ですから、絵本との出会いは、ぜひとも大好きな人のおひざの上から始めてください。絵本をおとなと共有する喜びを知ったあかちゃんは、絵本を重そ

▶『だるまさんが』

うに運んでくると、ことばが話せなくても「読んで」とおとなに手渡す習慣がついてくるはずです。その無言の「読んで」の行為は、「大好き！」と同じ意味なのです。あかちゃんをおひざに抱っこしながら、はじめて絵本をひらくとき、同時に赤ちゃんとの信頼関係が生まれているのです。ひととコミュニケーションする上での大きな喜びは、同じものを共有できた安心感が感じられた時ではないでしょうか。

次のエピソードは、家庭で毎日読み聞かせを楽しんでいる1歳の女の子のエピソードです。おかあさんと女の子Oちゃんとのやりとりをご紹介いたします。

【エピソード　Oちゃん：『だるまさんが』親子の読み聞かせ】

母「だ　る　ま　さ　ん　が」
Oが体を傾ける真似をする
母「どてっ！　できたね！　上手、上手！」
母「だ　る　ま　さ　ん　が」
母「ぷしゅーっ」（母・体を小さくする）
母「だ　る　ま　さ　ん　が」
O（Kが鼻を摘みながら）「ぷっ！」

母「ぷっ。臭い臭いだね～！」
母「だ　る　ま　さ　ん　が」
Oが万歳をする
母「びろーん！　できたね～！」
母「だ　る　ま　さ　ん　が」
Oが人差し指を頬に当てて笑顔を作る
母「にこっ！　できたね～！　可愛い可愛い！」

このエピソードについて、Oちゃんのおかあさんは次のように語っています。

【エピソード　Oちゃん】

これは、Oがまだ1歳4カ月の時の出来事です。初語が出てまもない時期でしたが、絵本の内容を体で表現しています。Oは1歳2カ月頃から少しずつ『だるまさん』シリーズを気に入り始め、自ら本を母親の元へ持ってくるようになりました。1日に数回読むことがあり、『だるまさん』シリーズは3作品ありますが、その中でも『だるまさんが』を特に気に入っていて、毎日必ず数回O自身が読んで欲しいと訴えてきます。

Oの初語は7カ月に「ママ」と言い、その後1歳3ヶ月頃から特に言葉が増え、1歳4カ月では20以上の言葉を話していますが、二語文はまだです。自分で絵本を持ってきて読んで欲しいと頼む仕草や、絵本の内容を口にしたり、絵を真似た動きをすることから、1歳4カ月でも絵本の内容を覚え、母親と言葉や体で表現することを楽しむことができることがわかりました。

このエピソードには後日談があります。絵本を目の前にしたとき以外でも、Oちゃんは『だるまさんが』のことばを応用しています。たとえば、服を脱ぐときなど、Oちゃんに両手をあげて欲しいときは『万歳して』と声をかけるよりも『びろーん』と声をかけるとOちゃんは両手をあげるそうです。このことから1歳児でも絵本で見聞きしたことを記憶し、絵本が手元になくても生活習慣の中で、絵本の場面を思い出すことができます。「びろーん」ということばが日常生活の洋服の脱ぎ着に応用されているエピソードは、絵本がことばの未熟なあかちゃんにとって、発達のパートナーになっていることを物語っています。

(4) かお探し

『かお かお どんなかお』(柳原良平『かお かお どんなかお』こぐま社、1988)は、顔に興味のあるあかちゃんにわかりやすい絵本です。保育者であり、子育て中の母でもある親子のエピソードをご紹介します。

『かお かお どんなかお』　柳原良平（こぐま社）

1歳0カ月。一日一回は、この絵本を読んで欲しいと持ってくるのが1カ月ほど続いたほど、お気に入りの絵本だった。何度も読んでいるうちにお話の内容もすっかり覚えている子ども。次第にこの絵本を通して、寝る前にふれあい遊びのようにしてから寝るのが日課へとなっていく。

母「かおにめがふたつ」

子「おめめ〜」

私の手を取り、自分の目を隠す。

母「はなはひとつ」

子「はな〜」

今度は私の指を握り、自分の鼻のところに持っていく。

母「くちもひとつ」

子「おくち〜」

私の両方の手を持って行って、顔全体を隠す。次のお話の内容をしっているからである。

子「やって〜」

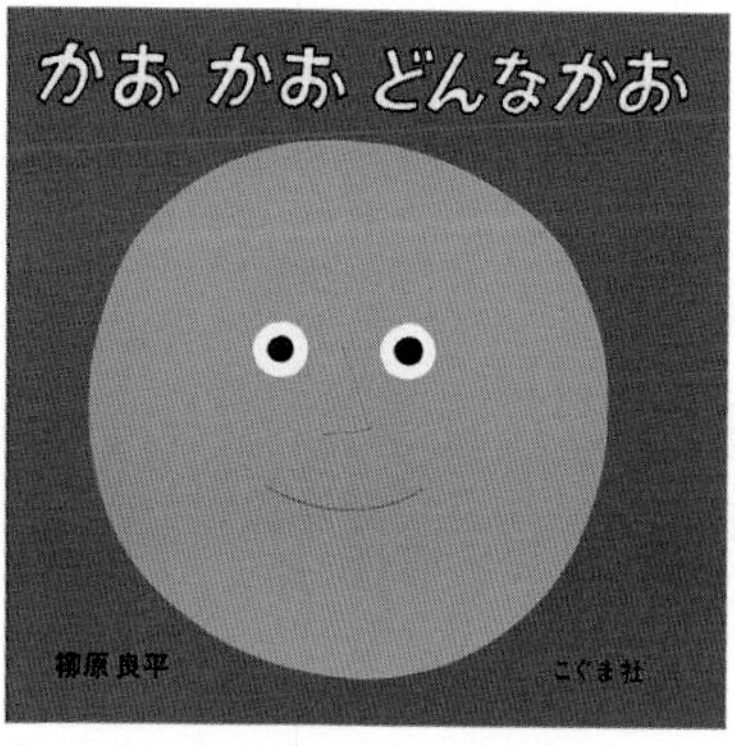

▶『かおかお どんかかお』

母「じゃあ、かおかお…かなしいかお！」

子「え〜ん、え〜ん」

自分なりの表現で、悲しい顔を身体と顔で表す子ども。

母「あらあら、どんな悲しいことがあったのかしら？次はどんな顔かな？　かおかお…怒った顔！」

子「…」

顔に力を込めて、怒った顔を表現する子ども。

絵本の内容は、〝楽しい〟〝悲しい〟〝笑った〟〝泣いた〟〝怒った〟〝眠った〟〝たくましい〟〝困った〟〝甘い〟〝からい〟〝いたずら〟〝すました〟〝いい〟顔だが、我が家では、そこに、〝すっぱい顔〟〝ビックリした顔〟〝お化けの顔〟などなど…お話の内容に関係なくオリジナルの顔を作って遊んだ。

終わり方はいつも決まっている。

母「かおかお…かわいい顔!!」

子どもは得意げに、満面の笑顔を向ける。

母「かわいいから、ぎゅ〜!!」

最後は最大級の愛情を込めて子どもを抱きしめると、子どもは満足そうに布団の中へと入っていくのだった。

(5) きんぎょが　にげた

『きんぎょが　にげた』（五味太郎作『きんぎょが　にげた』福音館書店、1982）もあかちゃん版の探し絵的な絵本ですが、キャラクターグッズが売られるほど人気絵本となっています。親子できんぎょを探すひとときが微笑ましいエピソードとなっています。

『きんぎょがにげた』　五味太郎（福音館）

生後6か月。身体を支えると、お座りができるようになってきた頃。ひざの上に座らせて絵本を読むのが毎日の日課となりつつあった。

母「きんぎょがにげた」

子「…。」

子どもは無表情で画面全体を眺めている。お話は、いろんな場面で赤いきんぎょが逃げていくという、いたって簡単な繰り返しのお話である。

母「おーしーまい！」

すると、もう一回読んで欲しいかのように、絵本をつかむ素振りを見せる。

▶『きんぎょが　にげた』

母「お魚さん、どんどん逃げていっちゃったね。もう一回読もうか。」

2回目、3回目になると、子どもの様子が明らかに変わったのに気が付いた。

母「きんぎょがにげた。どこににげた。こんどはどこ。」

お話の内容に合わせて、目できんぎょを追っている。子どもの目線がきんぎょを捉えたときに、言葉をかける。

母「本当だ！　こんなところにいたね！」

すると、満足そうに私の顔を覗き込むわが子の顔があった。

(6) こどもがはじめて出会う絵本

ひとはずーと昔からあかちゃんに歌を歌ったり、わらべうたで遊んだりしながらあやしてきました。しかし、あかちゃん絵本が登場したのは、ほんの最近の出来事です。日本におけるあかちゃん絵本の歴史をほんの少したどっていきたいと思います。

1964年に「子どもがはじめてであう絵本」というシリーズで、『ちいさなうさこちゃん』（ディック・ブルーナ文・絵、いしいももこ訳、福音館書店、1964）が石井桃子の翻訳で出版されました。今ではうさこちゃんとミッフィーが混在していますが、ミッフィーはキャラクターとして有名になりました。作者は、オランダ人でグラフィックデザイナーのディック・ブルーナです。うさこちゃんのオランダ名は「ナインチェ・ブラウス」で、訳すと「ふわふわうさぎ」という意味です。絵の特徴はシンプルな法則に貫かれています。目や顔の形は図式化され、真四角な紙面から真正面にこちらを向いているうさぎの姿が12場面にわたって表現されています。全体に、ブルーナが特注している絵の具のブルーナカラーで彩られ、視力が未発達のあかちゃんでもはっきりと認識できる色と図柄になっています。

うさこちゃんを皮切りに、日本でもあかちゃんを対象とした絵本として、松谷みよ子の『いないいないばあ』（松谷みよ子 文・瀬川康男 絵『いないいないばあ』童心社、１９６７）や、せなけいこの『ねないこだれだ』（せなけいこ『ねないこだれだ』福音館書店、１９６９）、わかやまけんが『しろくまちゃんのほっとけーき』（わかやまけん『しろくまちゃんのほっとけーき』こぐま社、１９７２）などが

▶『ちいさなうさこちゃん』

▶『しろくまちゃんのほっとけーき』

相次いで出版されました。

(7) ブックスタート

それでは、どのくらいの時期から絵本との出会いは始まるのでしょう? 日本では西暦2000年の「子ども読書年」にブックスタートという活動が始まりました。ブックスタートとは、0歳児健診など親子が集まる機会に、各自治体が絵本をプレゼントし、子育てを応援する活動です。1992年にイギリスで始まったこの活動は、絵本コンサルタントのウェンディ・クーリングが、絵本を一度も楽しんだ経験がない子どもと出会ったことがきっかけといわれています。キャッチフレーズは"Share books with your baby"で、あかちゃんに絵本を読むというより、あかちゃんと絵本の楽しいひとときをわかちあう目的で、日本では、イギリスに次いで世界で二番目にこの制度が開始されました。「子ども読書年」の11月に東京都杉並区で試験的に実施され、今では日本中に広がっています。活動母体はNPOブックスタートですが、市区町村の事業として主に自治体の財源で実施されています。

ブックスタートは日本各地で定着してきた感がありますが、そんなに小さい頃から絵本を読むことを推進する目的ではないと思います。まずは、絵本を開いて、親子で楽しむ時間を持ちましょうという意味で始まっています。ですから、まだ寝返りをしたばかりのあかちゃんが絵本に興味を示さなくても、なんの不思議なことではありません。

（8）あかちゃん絵本はおひざの上で

「絵本との出会いはいつからがいいのでしょうか？」と子育て中のご両親からこんな質問をよく耳にします。絵本は教材ではありません。いつからでもいいのです。ハイハイの時期でも、よちよち歩きの時期でも、あかちゃんが絵本に興味を示したときからが、絵本との出会いの始まりです。

絵本をあかちゃんに読むとき、向き合って絵を見せながら文を読まなければと思っていらっしゃる方も多いかもしれません。赤ちゃんと絵本の基本姿勢は、おとながあかちゃんを抱っこしながら、絵本を共有する形です。抱っこされたあかちゃんは、安心して身体全体を使って絵本を楽しみます。

▶『どんどこももんちゃん』

『どんどこももんちゃん』（とよたかずひこ『どんどこももんちゃん』童心社、2001）という絵本があります。この絵本はオムツ姿のももんちゃんがどこまでも「どんどこどんどこ」走っていくおはなしで、おひざの上であかちゃんをももんちゃんのように揺らしながら読むとキャッキャと喜びます。絵本ナビ編集長磯崎園子は次のようにこの絵本を語っています。

大きな頭におむつ一枚。ピンクのほっぺにつぶらな瞳。

思わず「うちの子に似てる！」と言いたくなる、愛らしいおかおの赤ちゃんがももんちゃん。

この絵本の主人公です。

どんどこどんどこ、どんどこどんどこ。

ももんちゃんは急いでどこかに向かっています。

どんどこどんどこ、どんどこどんどこ。

ひとりで橋を渡り、坂道をのぼり、やっとたどり着いた山の上では大きなくまさんがとおせんぼ。

すると、「どーーん！」ももんちゃんはくまさんを投げ飛ばし（!?）、ひたすらどんどこ進みます。

「どちっ」あら、たいへん！ころんで頭をぶつけちゃった。

でも、ぐっとがまん。

ももんちゃんが急いで先でまっていたのは…？

最後は「そうだったのね」と誰もがにっこり安心。簡潔で大胆な展開と、声に出して気持ちのいいリズミカルな言葉に乗って、あっという間に最後のシーンまでひきこまれてしまうママにも赤ちゃんにも大人気の「ももんちゃん あそぼう」シリーズの代表作品です。

ももんちゃんの人気の秘密は、繰り返し読めば読むほど楽しくて、読めば読むほどももんちゃんが可愛くなってしまうところ。理由はたくさんあるのでしょう。豊かな表情、ユーモラスなお話、個性的なキャラクターのおともだち、言葉の響き…。でも、一番の魅力はやっぱりももんちゃんの明るさとたくましさ。読んでいるママがスカッとするほど力強いのです。いつだって不安と隣合わせのママには、とっても効果的。いつの間にか表情だって明るくしてくれます。

そんなママに読んでもらう「ももんちゃんの世界」。子どもたちにとっても、きっと嬉しくてたまらない時間のはずです。

（磯崎園子　絵本ナビ編集長　https://style.ehonnavi.net/baby/２０１８/03/07_０２３.html）

３　「絵本読んで！」は「大好き！」の同義語

(1) 読み聞かせは愛情表現

読み聞かせは、大人が「読む」絵本を子どもが「聞く」相互の共同作業です。そこには、絵本を介しての物語の共有と心の対話が行われています。時々、「読み聞かせ」ということば自体が、おとなの主導観が強いという理由で、「読み語り」とか「読み合い」と呼ぶ場合もありますが、英語で Reading Aloud といわれる幼い頃に絵本を読んでもらった経験は、いずれにせよ、親に愛されていた記憶として残ります。

授業で絵本を紹介すると、学生の脳裏に幼い頃の思い出がよみがえることがよくあります。ある女子学生は、毎晩の読み聞かせの体験を思い出し、「自分が両親に愛されていたことを感じ、目頭が熱くなりました。」と語り、ある男子学生は、読書好きの母の影響が現在の自分を作ったといってても過言ではないと前置きをした後、「絵本の読み聞かせが、親と子のコミュニケーションや愛着形成に大きな役割がある。」との発見につながったと語っています。また、別の女子学生は、思春期の反抗期で部屋に閉じこもり、母に読んでもらった絵本を読みながら、「おかあさんごめんね」と自省していた胸のうちを明かしています。こうした証言は、本の記憶とともに、親からの愛情を改めて認識した証なのです。

(2)「絵本読んで!」は「大好き!」の同義語

やがて育児休暇も明け、保育園に通うようになったあかちゃんは、保育園という初めての社会に飛び込むことになります。最初の4月5月の保育園では、保育者との関係がまだ結べず、大泣きをする子も多くみられます。しかし、徐々に保育者と絆を結んでいくようになると、絵本をめぐってひとりの先生を取りあうような場面が見られます。足立区のA保育園では次のようなエピソードがありました。

【エピソード　2歳児】

保育者が、Aちゃんを膝にのせて絵本を読んでいる。

Bちゃん「これよんで」

Bちゃん、保育者の方に手をかけ何気なく空いている片方の膝に座ろうとする。

Aちゃん「Bちゃん、まってて」

先に座っていたAちゃんがBちゃんを座らせまいとBちゃんをグーと押す。

別の日、Cちゃんを膝に乗せ、後ろから両手を回して抱きしめる姿で絵本を読んでいると、Bちゃんが来てが、何度も「ううん」と言いながら迫ってくる。

Bちゃんの様子に自分も抱きしめて欲しいと気づき、CちゃんとBちゃんを膝に乗せ、ギュッと抱きしめた。

まるで、椅子取りゲームのようですが、大好きな保育者のお膝は特別な安心できる居場所です。それに気付いて保育者は、お膝を分け合ったり、ギュッと抱きしめたり、「大好きだよ」に答えているのです。家庭では独占できているお膝ですが、保育者のお膝は、「じゅんばんこ」や「半分こ」と声を掛け合いながら、みんなでシェアする公共の特別な居場所なのかもしれません。

次のエピソードは、生まれたときから絵本をわが子と共有してきた育児中のママの育児日記の一節です。

【エピソード　Aちゃん：大好きなひと】

（浅木尚実編著『絵本から学ぶ子どもの文化』同文書院、2015、115頁）

1歳3カ月

時間があれば、「絵本を読んで」とせがみ、お話をじーっと聞けるようになりました。何度も読んでいる絵本では、先のお話や絵がわかるので、先を急いでページをめくり、自分の好きな絵のところを見つけて嬉しそうに笑います。ときには、ママ以外ではなく、ばあばやじいじ、パパにも、絵本を読んでもらいたがります。最近、自分で歩くことができることになったため、本棚から好きな絵本を引っ張り出して、重そうに抱えて、関わりたい、甘えたい、遊びたい人のところに持っていきます。そして、絵本を差し出して、無言で「読んで」とせがみます。そして絵本を読んでもらった後、必ず読んでもらったじいじやばあばと遊び始めるので、絵本を、自分なりの人とのコミュニケーションの道具にしているように思えます。

絵本を楽しむことと同時に、大好きなひとに読んでもらいたい、そのひとと関わりたいと絵本を手渡す様子が記録されています。恥ずかしい気持ちが絵本をもっていくことで受け止められ、そのひととの信頼関係に発展していく様子は、まさに絵本を通してそのひととの絆を作っていく姿です。「えほんよんで」とあかちゃんにカタコトで言われたり、指さしで示されたおとなは、あかちゃんのにとって、「大好きなひと」に認定された瞬間でもあるのです。

Aちゃんは、『もこもこもこ』（たにかわしゅんたろう作、もとながさだまさ絵『もこもこもこ』文研出版、1977）を何度も読み聞かせてもらう習慣がありました。1歳の頃、実際に風船がわれる経験をしたとき、驚いて、『もこもこもこ』の絵本を持ってきて、「ぱっちーん」の場面をひらき、指さしながら「ふうせん、ぱっちーん」と言ったそうです。このように、あかちゃんは未知の世界の中で、絵本の世界と現実の世界を絵本のことばで結びつける能力ももっています。恥ずかしいけれど、おとなと関わりたいという思いを、絵本を読んでもらうというお願い事をし、受け止めてもらえると、その人への信頼感や安心感が生まれてくるようです。こんな風に絵本は子どもとひとをつなぐ役割も果たしているのです。

▶『もこもこもこ』

もうひとつ、学生のエピソードをご紹介したいと思います。

【エピソード　母を独り占めにできた絵本】

私は、幼少期に読んだ絵本で特に印象に残っている絵本がある。一冊は『とけいのほん①』（まついのりこ作、福音館、1993）である。私の通っていた保育園は毎週金曜日に園の絵本を一冊だけ借りて家に持ち帰ることができたのだが、たくさんの絵本があるにもかかわらず私はこの絵本ばかり借りていた。毎週借りてくるため、母に「またこの絵本借りてきたの!?」と驚かれたことをよく覚えている。とけいのほんは、時計の短い針と長い針が散歩に出かけ、通せん坊するどんぐりに時間を教えるという話だ。短い針や長い針がどこを指しているか問いかける文を読む母に、私は元気よく答えていた。今思い返すと、私は絵本の内容が好きで何度も借りていたのではなく、その絵本を通して母の問いかけに答えたり、絵の中の時計の針を母と一緒に確認したり、実際の時計の針がどこを指しているかを見たりする時間が好きであると同時に、絵本を読んでいる間は父や妹を除け者にして、母を独り占めすることができていたため、とけいのほんばかり借りていたのだと思う。しつこいと投げ出さずに何度も読んでくれた母の偉大さを実感するとともに、たくさんの愛情を与えてもらったなと思う。私はこの絵本を通して、母との絶対的な信頼関係を築いていたのだと考える。

（M）

「絶対的な信頼関係を築いていた」という感覚は、他の学生のエピソードにも数多くあり、おとなになってからも絵本を通してご両親との絆を深めている大切な思い出として語ってくれました。

それでは、次の章では絵本とことばについて、もう少し詳しくご説明したいと思います。

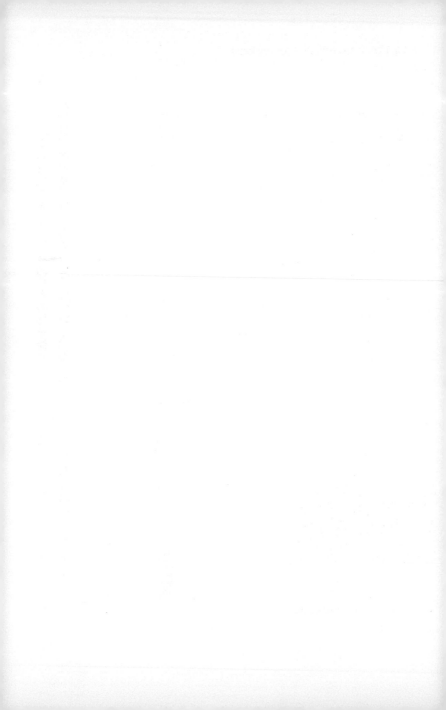

第2章　絵本が育てる子どものことば

1 絵本のことばを親子で紡ぐ

(1) あかちゃんの口の中はチンパンジーと同じ?

あかちゃんはことばをもって生まれてくるわけではありません。しかし、ひとはことばをもつ唯一の哺乳類です。ことばは最初から遺伝子に組み込まれているわけではなく、誕生したあとに、ことばを獲得していきます。フランス語の infant (あかちゃん) はことばをもたないひとという意味です。ことばを発するまで、あかちゃんは1年余りのときを必要とします。

ではその間、どのような発達をたどっていくのでしょうか。生後2、3カ月すると、ごきげんのいい時はクーイングといわれる母音を中心とした音声を楽しんでいるですが、実はこのときのあかちゃんの喉は、しゃべれるような形態をしているわけではありません。

驚くかもしれませんが、チンパンジーの口腔や咽頭の構造と同じであることがわかっています。なぜでしょうか。チンパンジーの口のなかは、舌を上下左右に動かすことができるすき間があまりありません。ひとは、ことばをしゃべるとき、舌を上下左右に動かしながら、発音しています。たとえば、「らりるれろ」というとき、口の中では、上あごに舌先をつけながら音声を作り出しています。

ではどうして、あかちゃんの口腔に空間が少ないのでしょう。それはあかちゃんの生きるための

図2-1　成人と新生児ののどの形態の比較

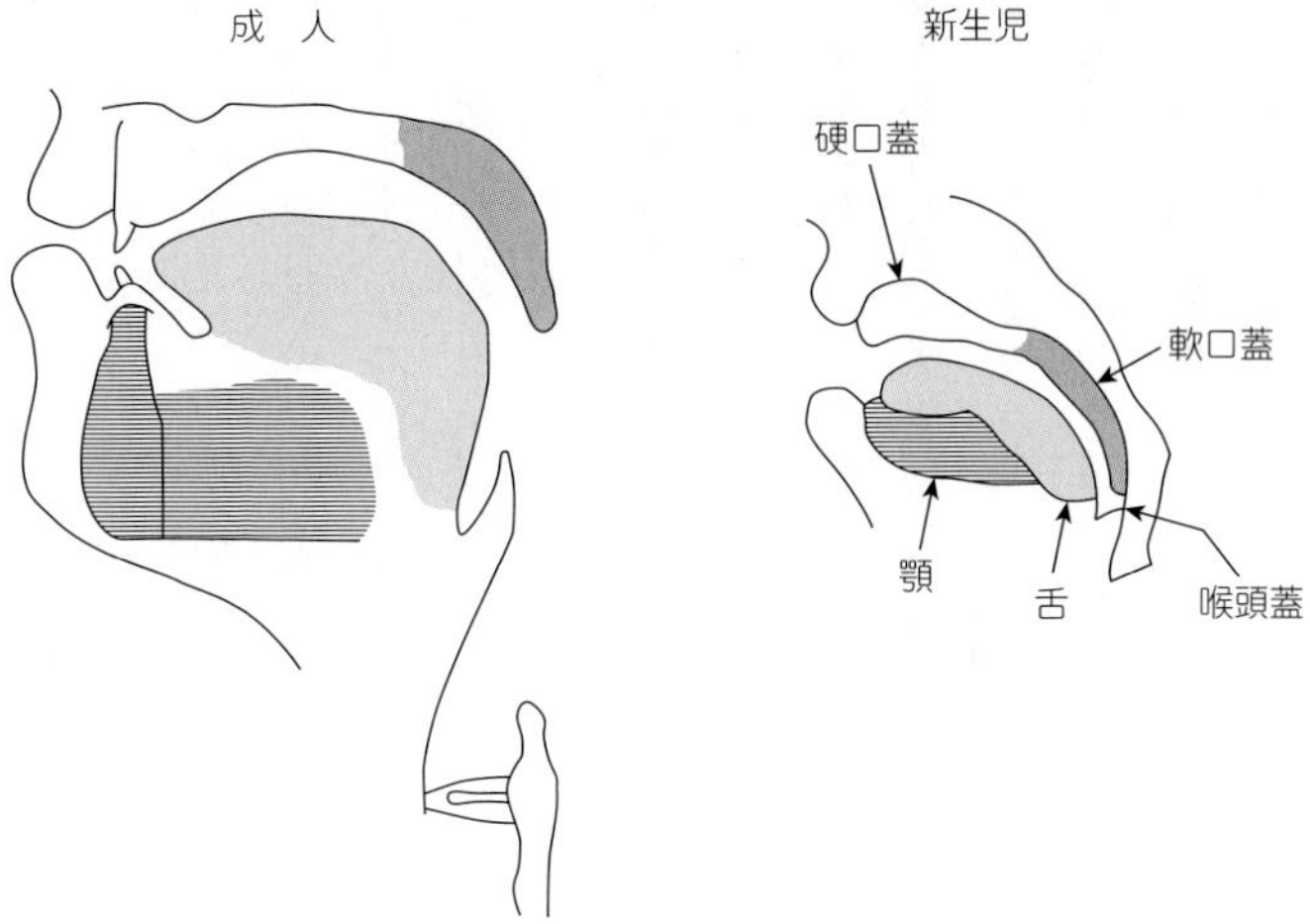

（出所）　正高信男『子どもはことばをからだで覚える』中公新書，2001，70頁。

知恵と関係します。あかちゃんは、生まれてすぐにおっぱいに吸いつかなければ、生存することができません。吸啜反射と呼ばれる原始反応が生まれつき備わっている赤ちゃんは、乳頭に似た大きさのどんなものにでも吸いつこうとします。また、飲んだミルクが直接胃袋に流れ込むように咽頭も気管の方にいかない工夫がされているのです。あかちゃんは、気管にミルクが入ってしまったときに、咳払いをすることができません。しっかりと栄養を胃に届けるこの単純な構造こそ、あかちゃんの命を守っているのです。

　おかあさんのおっぱいに吸い付く姿に対抗して、おとうさんが自分の指をさしだしたところ、チュッチュクおとうさんの指を吸い、まずそうな顔をしたという笑い話を聞いたことがあります。あかちゃんはまず生存するために、話す能力より乳を飲む能力を優先させたのです。

その一方でチンパンジーの口の中は、いつまでたってもひとのように舌を前後左右に動かすことはできません。手話ができる霊長類もいますので、知能はかなり発達しているのですが、ひとのあかちゃんのように、口の中でしゃべることができるようには発達していかないのです。新生児の口腔の構造が霊長類に似ている理由はおっぱいを吸引しやすく、誤飲しにくい構造を優先しているからです。まず、ひとはことばを話す以前に、生きていくために栄養を摂り、肺にミルクを流れ込ませない安全弁の仕組みが必要だったのでしょう。

（2）9カ月革命＝指差し

あかちゃんが9カ月頃になると、指さし行動が始まります。指さしは、ひとのあかちゃんに特徴的に起こります。

あかちゃんが、犬を指さしている光景はことばと同じ意味があります。「あそこにワンワンがいるよ」かもしれませんし、「うちのジャッキーとおんなじ」という意味かもしれません。指さしが始まる時期に、おかあさんやおとうさんのほかの第三者やモノを認識し始めるといわれています。社会に目を向け始めたということでしょう。こうしたことば以前のことばをノンバーバル言語ともいいますが、まわりのおとなはあかちゃんが言いたいことを言語化してその国のことばで伝えていかなければなりません。

チンパンジーの知能は大変高いので、京都にある霊長類研究所には、指さしをするチンパンジーもいて、飼育員と意思の疎通をしている動画が公開されています。しかし、意味のある音声言語が話すことができるのは、ひとだけなのです。

９カ月革命といわれる指さし行動は、それまでの二項関係が三項関係へと発達し、モノと向き合いながら、まわりのおとなへの社会的参照（おとなに確認する行為）で物事を判断していきます。言語の学習においても、相手が言ったことばの意味を相手の気持ちや指さしや視線を手がかりに汲み取っていくのです。たとえば、犬を指さしながら、「ワンワン」と言ったことばが、動物のことなのか、毛がはえて四つ足の白くてふわふわしたものを意味するのか、身近なおとななら理解できるかもしれませんが、一般的なことばには程遠い状態です。したがって、「ワンワン」の意味するものが、動物の「犬」に辿りつくまでには、かなりの個人差が生じてしまうのです。

このように、指さし行動がことばの一つ手前の段階であることを知っている必要があります。

(3) モノには名前がある

誕生のときに、ことばについて全く知識のなかったあかちゃんは、どのようにことばを学んでいくのでしょうか。乳児期には、とにかく与えられた言語に取り組んで、自分なりにさまざまな発見をしていかなければなりません。９カ月頃の指さしがことばの役割を果たしていることは前述したとおりですが、羽生悦子は『赤ちゃんはことばをどう学ぶのか』（羽生悦子『赤ちゃんはことばをどう学ぶのか』中公新書、2019）の中で、指さしの方法がうまくいくためには、二つの要素が必要であると説明しています。一つ目は「教えられる側も、話し手の声を、話し手が示すモノと関連づけている」というあかちゃん側に意図があること、二つ目に「モノには名前があることも理解していること」が不可欠であると指摘しています。

二つ目の「モノには名前がある」を発見する瞬間として、象徴的なエピソードがあります。幼少時に視覚と聴覚を病で失ったヘレン・ケラーの実話からもそのことは証明できます。『ヘレン・ケラーはどう教育されたか――サリバン先生の記録』（アン・サリバン、遠山啓序、槇恭子訳、明治図書出版、1995）の中で、サリバン先生は、ヘレンの手に、井戸水をかけられながら、「water」と何度も何度も指で綴り、これが「water」であることを伝えました。ヘレンが初めて「water」とたどたどしく発音する場面は、映画化されるほど、感動的で有名なエピソードになっています。この瞬間、ヘレンは、モノには名前があることに気づいたのです。この時以来、ヘレンの語彙は爆発的に増加していきます。

誕生後一年間、あかちゃんがほとんど何も話さないのは、咽頭や口腔の構造が話をするのにまだ適していないことも大きな原因ですが、誕生以来いや胎内から、日々語りかけられながら、着実にことばを学習しているために時間が必要なのです。

やがて日常生活で交わされる身近な大人とのコミュニケーションにより、1歳を過ぎる頃には初語が表れ、徐々に二語文、多語文へと発展し、小学校就学前までにはほとんどの日常会話を聞き、話す能力が身についてきます。

しかし、ここで声を大にしてお伝えしたいのは、絵本環境に身を置く子どもは、より多くのことばを獲得する可能性をもっているということです。なぜなら、日常生活では経験できない世界に通じることばも体験していることになるからです。このとき、気をつけてほしいのは、絵本の世界を信頼できるおとなと共有していることです。絵本で繰り広げられることばの世界は、子どもと子どもが安心できるおとなと共有してこそ実現できるからです。

(4) くつろぎの時間と絵本

言語心理学者の内田伸子は、おかあさんの養育態度を母子の相互作用において、情緒的な側面から考察した研究結果を報告しています（「幼児期の絵本の読み聞かせに母親の養育態度が与える影響：「共有型」と「強制型」の横断的比較」）。ここでは、子どもが主体的に絵本場面を楽しむためには、おかあさんが、どのくらいの頻度で「絵本の読み聞かせ」を行っているか、また、どんな絵本を読んでいるかの質が大きく関わっていると説明しています。

このことは、ほとんどの家庭での読み聞かせ習慣が就寝前のくつろいだ時間に習慣化されていることにも大きく関わっています。子どもは安心できる環境で、安心できる声を聴きながら「読み聞かせ」を楽しむことで絵本からより多くのものを吸収します。

脳科学者の森慶子は、「絵本の読み聞かせ」時に、ほとんどの中学生、高校生が前頭前野におけ

▶読み聞かせを楽しむ

る血流が減少しているという結果を報告しています（「絵本の読み聞かせ」の効果の脳科学的分析――NIRSによる黙読時、音読時との比較・分析」）。この結果は、同じく脳科学者である秦羅雅登が、親子間で行った「絵本の読み聞かせ」課題で、前頭前野の血流減少が起こったという同じ結果とも重なっています。前頭前野の血流減少は、川島隆太と安達忠夫によると、「こころが癒されること」（川島隆太・安達忠夫『脳と音読』講談社、２００４）とイコールであるというのです。

（5）命名期と絵本

先程述べたように、モノには名前があることを知り、盛んに質問してくる第一質問期にあたる2歳児を「命名期」と呼びます。命名ゲームともいえる1歳半ばから2歳にかけて、モノには名前があると認識します。

この時期には、たとえば、『くだもの』（平山和子作『くだもの』福音館書店、１９８１）という絵本をあかちゃんに見せながら、絵本のページ描かれた「ばなな」の名前を「ばなな」と言いながら指さします。実際にばななを食べたことのあるあかちゃんであれば、バナナの味を思い出しながら、「ばにゃにゃ」とその単語を繰り返し反芻します。ページをめくるたびに現れるくだもの名前を、ページをめくりながら延々と飽きずに楽しみます。

物語に入る前には、こうしたモノの名前が辞書のように描かれた絵本を繰り返し、読んでもらいたがるのです。『ちいさなうさこちゃん』で紹介したディック・ブルーナ作の『しろ、あか、きいろ』（まつおかきょうこ訳、福音館書店、１９８４）という絵本がありますが、この絵本は衣服の名前と色が辞書のように並べられた絵本です。１歳後半の女児が、「わたしのしゃつはしろ、すかーとはあか」「くつしたはくろ」を毎日繰り返し読むことによって、自分の衣服の名前や色を覚えていったエピソードもあります。「命名期」では、ディック・ブルーナの絵本に象徴されるような単純な

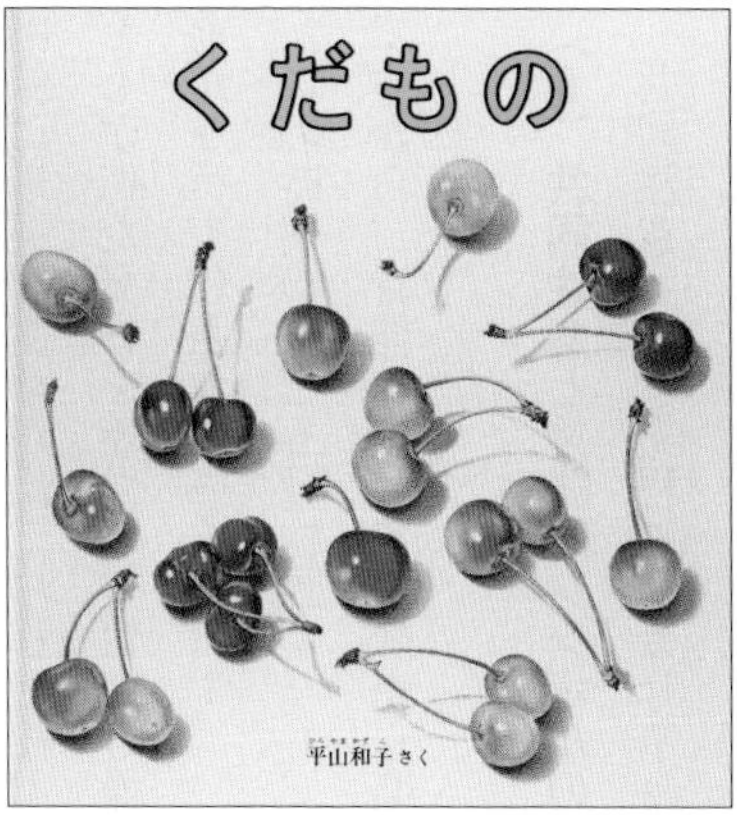

▶『くだもの』

▶『しろ、あか、きいろ』

図像に単純な文章が添えられた絵本を好む傾向があります。親が指さした絵の名前（ラベル）を子どもが似た発音を模倣し、何度も繰り返すうちに、子どもが主体的に指さして、頭の中にモノの名前がラベル化されていくのです。

この時期の子どもは物語よりも、自分の生活に密着したものの名前や音を楽しむ特徴があります。ですから、背伸びをして3歳から楽しめる物語絵本をこの時期に性急に読む必要はないのです。

(6) 共同注意と言語的シンボルの共有

共同注意とは、先程の9カ月革命といわれる指さし行動と連動して表れます。今まで誰か自分の世話をしてくれる大好きなひととの関係だけだったあかちゃんの世界が、第三者やモノにも関心を示していき始めます。共同注意とは、大好きなひとと同じ人やモノを共有することです。同じものを分かち合いたいという思いは、昔も今も変わらない光景を生みます。江戸時代の揚州周延の『幼稚苑　鯉とと』という浮世絵がありますが、図2－2が示すように、母と子が、鯉を一緒に見ている（共同注意）日本の江戸時代の愛情深い親子の日常が描かれています（北山修編『共視論――母子像の心理学』講談社、2005、140頁）。

絵本の読み聞かせをする行為は、まさに読み手と子どもの交流による共同注意に他なりません。子どもは絵本の絵を見ながら、おとなの声を聴き、絵本の物語のイメージを追っているのです。子どもに絵を十分に見る時間を与えながら、適度にページをめくっていくことが、読み手であるおとなの役割です。同じ時間と空間のなかで、同じ絵本を楽しむことは、子どもが望む絵本読みのスタイルなのではないでしょうか。

心理学者の大藪泰は、Ninio & Bruner という心理学者が、１組の母親と子どもの本読み場面を生後８～18カ月まで追跡した研究について次のように述べています（大藪泰『共同注意――新生児から２歳６か月までの発達過程』川島書店、２００４、１８９頁）。

> この観察記述には、観察を始めた直後から、フォーマットと言われる手順の決まった非言語的な対話と明確な役割交替構造が見られる。子どもが指さしをして発声すると、母親がその絵の名前を言い、子どもはそれで納得する。母親が名前を言うと、絵を子どもが指さしで示す。すると母親はその反応を是認する。こうしたシーンで子どもが言葉を発することはない。しかしそこには、母親の発する言葉を理解した応答行動が見られ、言葉でのやり取りと同様に円滑な役割交替が生じている。さらに月齢が進むと、絵を指さしや発声で示す

図２－２　『幼稚苑 鯉とと』（揚州周延，1905年）

（出所）　公立教育研究会所蔵　母と子の二重交流の図から

のではなく、母親が言っていた名前を覚えて、自分からその名前を言うようになる。また母親から尋ねられて絵の名前を答えたり、母親に絵の名前を言わせようとしたりする役割も取れるようになる。

少し難しい論文の引用ですが、要約すると、8カ月頃から絵本読みの観察を始めた当初は、子どもが指さした絵について、親が名前を言い、子どもが指さすという繰り返しがみられるが、月齢があがり、18カ月頃には子ども自らが絵本に登場するものの名前を発音したり、親子で質問しあったりするようになったという研究結果が示されているのです。大藪は、この場面で重要な点として二つあげています。一つは、母親はある絵本に描かれたモノについてことばによって繰り返し指し示していること。二つめに、子どもと母親がこの場面を絵本場面として意味づけ、絵本を相互に共有し合っていると指摘しています。

この研究からも、共同注意が絵本を介して繰り返し行われるとき、子どものことばが確実に増えていっていることがわかります。

2　絵本のことばは栄養たっぷり

(1) 絵本の文章を味わう

この研究からも子どもが絵本から多くのことばを吸収し、発達していることがわかります。絵本の性格上、どうしても絵に注目しがちですが、絵本の文章に少し目を向けてみたいと思います。『さんびきのやぎのがらがらどん』というノルウェーの昔話絵本の文章の一部分をご紹介しましょう。この絵本は、アメリカの絵本作家マーシャ・ブラウンによる骨太の勇壮な絵と文で描かれていますが、日本での翻訳者は瀬田貞二です。瀬田といえば、絵本研究者としても功績のある学者であると同時に、多くの作品の翻訳家でもあります。たとえば、*Lord of the Ring*（ロード・オブ・ザ・リング）という映画を視聴した方もいらっしゃると思いますが、Ｊ・Ｒ・Ｒ・トールキンの原作『指輪物語』を全巻翻訳したのは瀬田貞二です。「ことばの魔術師」ともいわれていたほど、名訳が多く、絵本にも随所に瀬田らしさが表現されています。

この絵本は、３びきのやぎが、恐ろしいトロルが下に潜んでいる橋を順番に渡って草を食べに行く話です。あらすじで書くと、一行で終わってしまいますが、やぎとトロルのやりとりのことばが非常に印象的です。

1場面：むかし、三びきのやぎがいました。なまえは、どれもがらがらどんといいました。あるとき、やまのくさばでふとろうと、やまへのぼっていきました。
2場面：のぼるとちゅうのたにがわに　はしがあって、そこをわたらなければなりません。はしのしたには、きみのわるいおおきなトロルがすんでいました。ぐりぐりめだまは　さらのよう、つきでたはなはひかきぼうのようでした。
3場面：さて、はじめに、いちばんちいさいやぎのがらがらどんがはしをわたりにやってきました。かた　こと　かた　こと　と、はしがなりました。
4場面：「だれだ、おれのはしをかたことさせるのは」と、トロルがどなりました。「なに、ぼくですよ。いちばんちびやぎのがらがらどんです。やまへふとりにいくところです」と、そのやぎはとてもちいさいこえでいいました。「ようし、きさまをひとのみにしてやろう」と、トロルがいいました。

（マーシャ・ブラウン、瀬田貞二訳『さんびきのやぎのがらがらどん』福音館書店、1965）

文章がリズミカルに理路整然と語られていきます。我々おとなでも、誰かに自分が見聞きした出来事を説明するのに、順序だって組み立てていくことに苦労することがありますが、物事がきちんと誰でもわかるように順番通り淡々と語られています。

そして、オノマトペ（擬音語擬態語）が豊富な日本語の特徴を生かし、いちばんちいさいやぎの橋を渡る音は「かた　こと　かた　こと」ですが、ちゅうくらいのやぎになると、「がた　ごと

がた　ごと」と少し大きくなります。そして最後の一番大きいやぎの登場時には「がたん、ごとん、がたん、ごとん」と橋が鳴り、「あんまりやぎがおもいので、はしがきしんだり　うなったりしたのです」と説明されています。日本語として、モノの重さに対して、橋の音がどのように変化し、どのような表現を用いるのか、「きしんだり、うなったりする」橋の状態はかなり危機感をあおります。そこへ、畳みかけるように、トロルが「いったいぜんたいなにものだ、おれのはしを　がたぴし　させるやつは」とトロルの怒鳴り声がかぶさってきます。クライマックスへの準備段階として最高のお膳立てではないでしょうか。

加えて、巧みな比喩の表現に注目してみましょう。「ぐりぐりめだまは　さらのよう、つきでたはなはひかきぼうのようでした」お皿くらいの大きな目玉、火かき棒のようなとんがった鼻をもつトロルとはいったい何者なのか、想像力をかき立てられます。

このように、この絵本は、冒頭からクライマックスまで、音楽の楽譜のように、徐々に上昇し、トロルの恐怖が去った後の平穏で静かな結末を迎えるまで、力強い日本語と静かな日本語が、絶妙に選び抜かれたことばによって、流れるように構成されているのです。このような名文を繰り返し、何度も聞いて育てば、日本語の語彙や表現もかなり上達しても不思議ではないのです。

(2) ページをめくるドラマ

絵本は「絵と文」から構成されていますが、もうひとつの大事な要素は「ページをめくる」ことです。「ページめくりのドラマ」ともいわれていますが、すべての物語の内容が絵で表現されていないのが絵本です。アニメーションは、ほとんどが絵によって進行されていくので、画像を見ていればストーリーがわかりますが、絵本の場合、前のページがどのように展開するかはページをめくるまでわかりません。ですから、子どもはこの話の次はどうなっていくのだろうかとドキドキしながら、ページの先の展開を予想する楽しさを味わいます。先程の『さんびきのやぎのがらがらどん』でも、いちばんちびやぎとトロルのやりとりのあと、何が起こるのかとても気になる展開になっています。

このことは、読み手のおとながページをめくるタイミングの効果によって違いますが、子どもの想像力を育成することにおおいに関係しています。

(3) 繰り返し構造

昔話は3回の繰り返しが多いことが特徴です。有名な「三びきのこぶた」「さんびきのやぎのがらがらどん」「三枚のお札」「三びきのくま」はもちろんですが、「シンデレラ」でも「白雪姫」でも出来事が三回繰り返されています。

子どもの文学に繰り返しが多いことについて、昔話研究家のシャルロッテ・ビューローは、三つの理由をあげています（『昔話と子どもの空想』東京子ども図書館、2021）。一つ目は、初めての出来事より、2回目、3回目に同じような出来事が出てきた後、クライマックスを迎えるほうが、馴染みをもって物語の結末を楽しめるということ。二つ目は、すでに知っていることの繰り返しによって、子どもが読者として参加しやすい環境になること、三つ目は、繰り返すことによって、大事なことが強調される意味があること。この三つの理由は、耳で聞いてきた伝承文学である昔話が、覚えやすい、聞きやすい特徴であることとも関連しています。テキストに頼らずに伝えるためには、頭の中で整理しやすい構造が求められます。初めての出来事が、二度、三度繰り返されることによって、語り手も聞き手も徐々に物語に入り込み、より余裕をもって参加することができます。

加えて、この繰り返しの構造は、絵本の特徴である「ページめくりのドラマ」においても、物語の先を予想する空間を演出する上でも大きな役割を担っているのです。

(4) 子どもと主体性

繰り返しの構造が、子どもの聞き方に合致していることを説明してきましたが、実は、繰り返し同じ絵本を読むことを求める行為自体も、子どもが主体的にお話に関わっていることを物語っています。実際、子どもの日常は、朝起きてから、夜寝るまでおとなからの指示で受動的に行動することが多いような気がします。おとながどんなことばを子どもにかけているかの分析研究はまだありませんが、「早くしなさい」「もっと食べなさい」「もう寝なさい」等が一番多いのではないでしょうか。

しかし、絵本に向かう時、遊ぶ時と同じように、子どもは自ら主体的に関わる姿勢を崩しません。おとなが語る文章を黙って聞く子どもの読み聞かせ場面は、一見受動的な姿勢に映るかもしれません。しかし、子どもは視覚的にも、内面的にも主体的に絵本に関与しています。その証拠に受動的な行為に対して、子どもは決して繰り返しを要求しないからです。繰り返し、同じ絵本を「読んで」と持ってくることは、その絵本を丸ごと消化吸収したいという子どもの主体的な欲求に他ならないといえるのです。

前述した大藪は、おとなが、あるモノを示す言語的シンボルを一度だけしか使わずに、再び語られることがないなら、子どもにはそのことばを学習することは不可能であることを指摘していました。この論理から、繰り返しがいかに重要であるかがわかります。子どもの主体的な欲求を汲み取れるのも、その子の身近なおとなならば理解できるのではないでしょうか。

(5) リテラシー研究と絵本の読み聞かせ

このように、子どもがことばを獲得していく過程で、語彙力や文法の構成力、会話の力など、ことばそのものの力すなわちリテラシーを向上していく過程においても、おとなのサポートなしには起こりえません。

過去には、ことばの発達について、多くの研究者が研究の蓄積を残してくれていますが、その国その国に伝わる文化活動においても、人生経験が未熟な子どもには、おとなとの共同作業を通して、その活動を継承していく力がついていくことをヴィゴツキーが指摘しています（L・S・ヴィゴツキー『思考と言語』柴田義松訳、新読書社、2001）。

また、トマセロは、チンパンジーとの比較研究から、ヒトの乳幼児期には優れた「模倣学習」がみられるという説を唱えました。あかちゃんは、生まれた直後から、おとなが舌を出すと、自分も舌を出す模倣能力があります（M・トマセロ『心とことばの期限を探る――文化と認知』大堀壽夫ほか訳、勁草書房、２００６）。

ブルーナーは、おとなの「言語獲得支援システム」の必要性を説き、コールは「親子の相互行為に基盤がある「絵本を読み聞かせ」を絶賛しています（J・S・ブルーナー『乳幼児の話ことば――コミュニケーションの学習』寺田晃訳、新曜社、１９８８、M・コール『文化心理学――発達・認知・活動への文化―歴史的アプローチ』天野清訳、新曜社、２００２）。

このように、著名な心理学者や言語学者は、子どものことばの発達に、絵本の読み聞かせの重要性を以前から唱えていたということなのです。

大好きなおとなの存在・そのおとなとの絵本の共有・おとなから子どもへの支援――この３つのおとなからの働きかけも、子どものリテラシー発達の大きな要因であることを忘れてはなりません。このことが子どもにとってどれ程のその後の人生の力となりうるか計り知れないからです。

(6) SNSの影響

21世紀に入り、急速にグローバリズムが進み、小学生にはiPadがひとり一台支給され、誰もが世界中の情報を瞬時に手に入れられる時代になりました。おとなのほとんどが携帯電話を所有する社会の中で、年齢が上がれば、子どもも自分専用のものが欲しくなり、東京都の調査では、小学校高学年スマホ所有率は3割、中学生では6割が携帯電話やスマートフォンを所有しているというデータが出ています。家庭においても、子育てについついSNSを安易に取り入れている現状も否めません。電車の中で泣き止まないあかちゃんにスマホで子守りをしている保護者を見かけることも珍しくなくなりました。指で簡単に操作できる気軽さから、1、2歳児も、スマホやiPadに興味をもつ予備軍になっています。なかには、1歳児に四六時中iPadを持たせた結果、取り上げると号泣して、暴れて手が付けられなくなった例もあります。小さいひとに、あまり早くからデジタルの世界を経験させるのは危険です。美味しいものや楽しくてやめられないものには、中毒性があるからです。自分で自分をコントロールできない時期、つまりまだ自己抑制が未成熟な年齢に、ゲームやテレビ等に熱中すると、引き際を自分の力で線を引くことができず、ズルズルと身体的にも精神的にも疲弊していきます。じっと長時間座っている遊びは、学力の低下や運動不足を引き起こすだけではなく、睡眠障害等で不登校の原因になることもあるのです。(公益財団法人)日本小児科医会では「子どもとメディア」に関する5つの提言(図2-3)を発表し、警鐘を鳴らしています。また、視力にも大きな負担がかかり、近年、近視の小学生が激増しています(大石寛人・NHKスペシャル取材班『子どもの目が危ない――「超近視時代」に視力をどう守るか』NHK出版、2021)。

ひとは、歴史的に、自分の力で生活を何とか便利にしようと工夫してきました。しかし、ちいさいうちから、突然便利な生活を享受してしまうと、脳の発達にも影響があります。

図2-3　日本小児科医会の提言

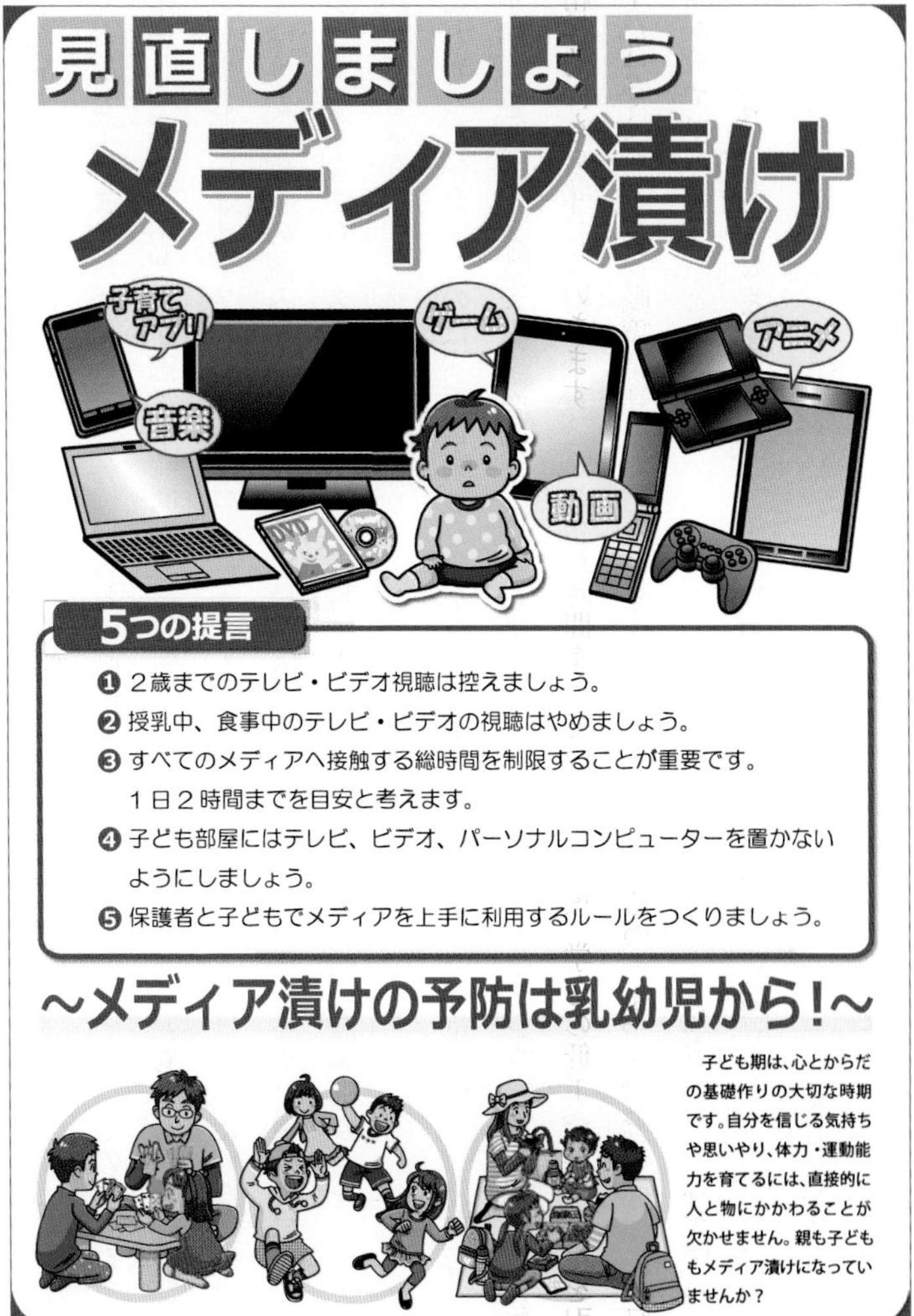
見直しましょう
メディア漬け
子育てアプリ
ゲーム
アニメ
音楽
動画
DVD
5つの提言
❶ 2歳までのテレビ・ビデオ視聴は控えましょう。
❷ 授乳中、食事中のテレビ・ビデオの視聴はやめましょう。
❸ すべてのメディアへ接触する総時間を制限することが重要です。1日2時間までを目安と考えます。
❹ 子ども部屋にはテレビ、ビデオ、パーソナルコンピューターを置かないようにしましょう。
❺ 保護者と子どもでメディアを上手に利用するルールをつくりましょう。
～メディア漬けの予防は乳幼児から！～
子ども期は、心とからだの基礎作りの大切な時期です。自分を信じる気持ちや思いやり、体力・運動能力を育てるには、直接的に人と物にかかわることが欠かせません。親も子どももメディア漬けになっていませんか？

（出所）　日本小児科医会 HP（https://www.jpa-web.org）

絵本も例外ではなく、デジタルで読み聞かせの提供をしているサイトも数多く登場していますし、絵本の電子書籍も売られています。このような時代の子育ては、便利なようで、実は困難を極めていると感じています。子どもと一緒にいられる時間は、意外と短いものです。その中でも、共働きが増加し、両親と子どもが過ごす時間がさらに短くなっている昨今、子どもと過ごす時間は量より質といわれています。スマホやパソコンに子どもとの時間をとられるのはもったいないのではないでしょうか。絵本の読み聞かせのふれあいは、人と人との関わりを深めます。積極的に親子でスキンシップをしながら、ストレートに愛情表現できる方法の一つに絵本の読み聞かせをとり入れてはいかがでしょう。

これからご紹介するのは、毎日楽しみながら絵本を読み聞かせていた親子の三つの実話です。親子が絵本を共有する濃密の時間が、実は子どもの能力を知らず知らずのうちに伸ばしているエピソードです。絵本は大好きなひととの毎日の積み重ねによって、大きくこどものことばに影響を与えています。

3　おつきさまと会話する帰り道

R子ちゃんとおつきさま

2歳になったばかりのR子ちゃんは、毎日保育園に通っていますが、冬になると帰りの時間には、夜になってしまうことがあります。ある3月の保育園からの帰り道、R子ちゃんは、空を見上げておつきさまを見つけました。そのときの会話をご紹介しましょう。

【エピソード：おつきさまをみつけて】

「まま！　おちゅきしゃま！　おちゅきしゃま、こんばんは!!」（R）
「よるになったよ　ほら　おそらが」（母）「くらい　くら～い！」（R）
「おや？　やねの上が？」（母）「あかるくなったー！」（R）
「おつきさまだー！」（母）
「おちゅきしゃま　こんばんは～!!」（R）
「だめだめくもさん」（母）「こないでー！ないちゃう～！」（R）
「くもさん　どいて～。おつきさまのおかおが」（母）「みえな～い！」（R）
「ごめん　ごめん　ちょっとおつきさまとおはなししてたんだ　では　さようなら」（母）
「あ～よかった　おつきさまが　わらってる」（母）
「まま！　まんまるちがったー！（三日月）ねちゃったー。」（R）
「そっか！　寝ちゃったのか！　挨拶してみる？」（母）「こんばんは～!!!」（R・母）
「おきないね～！」（R）

表2－1　『おつきさまこんばんは』本文

よるになったよ　ほら　おそらが　くらい　くらい
おや　　やねのうえが　あかるくなった　おつきさまだ　おつきさま　こんばんは
だめ　だめ　くもさん　　こないで　こないで　おつきさまが　ないちゃう
くもさん　どいて　　おつきさまの　おかおが　みえない
ごめん　ごめん　ちょっと　おつきさまと　おはなし　してたんだ
では　さようなら　また　こんど　あー　よかった　おつきさまが　わらってる
まんまる　おつきさま　こんばんは　こんばんは

全文　　林明子作『おつきさまこんばんは』(福音館書店，1986)

▶『おつきさまこんばんは』

この会話を聞いて、すぐに林明子の絵本と類似しているとわかる方もいらっしゃるかもしれません。この絵本は、薄暗い夜、三角屋根の上にぽっかりあらわれたおつきさまに、「おつきさまこんばんは」と語りかける文章が特徴的です。やがて、雲がおつきさまを隠してしまいます。

雲に隠れたおつきさまが見えなくなり、べそをかいているR子ちゃんが、ふたたびあらわれたおつきさまに「こんばんは」とあいさつしています。この会話は、明らかに林明子の『おつきさまこんばんは』の内容が下敷きとなっています。わかりやすいように絵本の本文を表2－1に示しておきますが、何度となく読み聞かせを受けた絵本の言葉がこの会話では生かされています。『おつきさまこんばんは』は、ブックスタートで住んでいる地域で配布されている本の中の1冊でもあり、R子ちゃんは、生後5カ月頃から慣れ親しんでいました。このときの月の形は絵本の満月と異なり、三日月であったため、R子ちゃんは月が「寝ている」と解釈までしています。このことから文章と絵の両方を覚えているだけでなく、記憶をたどりながら自分なりに解釈する力や想像力が育っています。

後日、おかあさんはこの場面について次のように説明しています。

【R子ちゃんのエピソードについて　おかあさんの説明】

三日月を見て、お月さまが寝ちゃったと思っている2歳児との会話です。毎日のように読んでいて親子で絵本を暗記していた頃です。

現在は4歳4ヶ月になり、少しずつ字を書くことにも興味を持ち始めています。いわゆる早期教育の「塾」には通っていませんが、いくつかの平仮名（「あ」「え」「く」「こ」「な」「ま」「は」「ら」）は読み書きができます。絵本の中で読める文字を見つけると教えてくれるようになりましたが、文章として読める力はまだありません。絵本は現在でも好きで、毎日遊びの合間や寝る前等、R子のタイミングで1日2冊〜5冊程度読んでいます。言葉に関しては知っている名詞の数も増え、しりとり遊びが好きです。

R子ちゃんがその後も絵本を通して、文字に興味をもっていることがわかります。絵本の文章は、短いので子どもは耳で文章を聞きながら、覚えてしまうことがよくあります。別にすべての子どもが絵本を読んでもらうと文章を覚えてしまうわけではありません。子どもによっては、ある絵本が大好きで飽きるまで何カ月も同じ本を読んでもらいたがり、自然とことばが自分のことばのようになっていくのです。

次のエピソードは、本当に丸々文章を覚えてしまった例です。

4　あたし、絵本が読めるの

このエピソードをご紹介するきっかけは、ある一通のLineから始まりました。送り主は、わたしの勤務していた大学の卒業生からでした。内容は彼女の3歳の娘さんの録音メモです。さっそく聞いてみると、はっきりした声で絵本の『かいじゅうたちのいるところ』（モーリス・センダック、じんぐうてるお訳『かいじゅうたちのいるところ』冨山房、1975）を朗々と読み（?）始めたのです。ですが、まだ3歳のLちゃんは文字を読めるのでしょうか。録音メモには母親である卒業生のコメントがついており、「この音声は夜寝る前の3歳7カ月の娘の『かいじゅうたちのいるところ』です。まだ字は読めませんが、暗記していていろんな本を読み聞かせしてくれます」とありました。毎晩読み聞かせをしていたら、全部覚えてしまったというのです。もう一度聞き直すと、それは読んでいるとしか思えないくらい正確でほとんど間違いがありません。3歳児にどうしてこんなことができるのだろう？　と思ったとき、ふと俵万智の『リンゴの涙』（俵万智『リンゴの涙』文藝春秋、1992）というエッセイが頭をよぎりました。そのなかのエピソード「がらがらどんにはじまって」という章の中に、3歳の頃の万智さんが『さんびきのやぎのがらがらどん』を丸暗記しておかあさんに読んであげていたというくだりがあったことを思い出したのです。毎日、文庫に通っていた万智さんは、朝借りた絵本を夕方にはもう返してしまうくらい本好きで、またご家庭の環境も読書好きを後押しする恵まれたものだったようです。俵万智の『サラダ記念日』（俵万智『サラダ記念日』、河出書房新社、1987）をはじめとする言葉の感性の美しさには、このような幼少時代の経験が裏付けられているのかと思うと、ますます絵本の力には驚かされます。

【エピソード：Lちゃん『かいじゅうたちのいるところ』（3歳7カ月・女児）】

（傍線は絵本の本文と一致した文章）

「あるばん　マックスはおおかみになって　いたずらをして」
「おおあばれ」
「おかあさんは『このかいじゅう！』といった。マックスも『おまえをたべちゃうぞー！』
というと　しんしつにほうりこめられた」
「にょきり　にょきりときがはえて」

「どんどんはえて」

「もっともっとはえて　もりになった」

「マックスはふねにのって　こうかいした」

「1しゅうかんすぎ　ふたつきふたつきひがたって　1ねんかんこうかいすると　かいじゅうたちのいるところ」

「かいじゅうは　すごいこえで　うおーっとほえて　すごいはをがちがちならして」（吠える真似と歯をガチガチ鳴らしながら）

「すごいめだまをぎょろぎょろさせて　すごいつめをむきだした」（爪を立てる真似）

「マックスは　『しずかにしろ！』　といって　まほうをつかった」

「こんなかいじゅうみたことないとみんなはいった。」

「『みなのものー』　といってかいじゅうたちはおうさまにした」

「『もう　やめー』　マックスはさけんだ。　とうとうマックスはごはんなしできょうりゅうをねむらせた。　やさしいだれかさんのところにいきたくなってきた。」

「そのとき　むこうのせかいから　いいにおいがながれてきた。　おうちにもう　かえりたくなっちゃった。」

「マックスは　さっさとふねにのって　『またねー』　ってなった。」

「『んもー』　ってないて　おおきいはをがちがちならして　『いかないで　おまえたちは　たべ

ちゃうほどおまえがすきなんだ。　たべてやるからいかないで』『そんなのやだー』といってマックスはさっさとふねにのって『またねー』とした。」
「1しゅうかんすぎ　ふたつきふたつきひがたって　1ねんかんこうかいすると　もういつのまにかほうりこまれたじぶんのへや。」
「そこには　ごはんも　ちゃんと　ゆうごはんが　おいてあって」
「まだぽかぽかとあたたかかった。」

Lちゃんの母親へのインタビュー

Lは母親が出産直後から意識して「ママだよ」と声をかけ続けたこともあり、初語は7カ月の時に「ママ」でした。2語文は1歳2カ月で「パパねんね」で、寝るポーズと共に口にするようになりました。2歳の誕生日の頃には出かけるときに「ママ、もしもし（携帯電話）もった？　忘れちゃダメでしょ！」と発言していると母子手帳に記録があります。

生後3カ月頃から絵本に触れており、飛び出す絵本や仕掛け絵本から慣れ始め、1歳前にはお気に入りの絵本を自分で持ってきて読んで欲しいとおねだりする様子も見られました。

Lちゃんの母親は保育士資格を有し、特に子育てにおける絵本環境に力を注いでいます。家での絵本の蔵書は40冊以上あり、Lちゃんがいつでも手に取れる棚に収納しています。また、寝る前の習慣として、毎晩2冊は読み聞かせているとのことで、絵本がすぐ子どもの手に届く所にあり、また、好きな絵本を毎日読んでもらえる家庭環境が、Lちゃんの優れた言語能力を育んでいったと考えられます。

このように、絵本には、隠れている子どもの力を引き出す魅力があります。これはほんの一例で、すべての子どもが絵本の文章を丸々覚えるわけではありませんし、若干3歳で『かいじゅうたちがいるところ』に興味をもつわけでもありません。

しかし、意外にも身近のところで、同じようなことが起こっていたのです。私が、この卒業生の話を、驚きをもって次女にしたところ、「あれ、うちの子も覚えている絵本があるよ」というのです。半信半疑で、2歳の孫娘Kに覚えているという『おでかけのまえに』（林明子『おでかけのまえに』福音館書店、1981）の絵本を手渡してみると、母親と交互に読み合いながらこの絵本を読み始めたのです。もちろん、2歳6カ月のKはまだ文字は、読めませんから、暗記している文章を話しているとしか思えません。家族でピクニックに行く前の準備の場面をわくわくしながら聞いていたのでしょう。このエピソードをご紹介するかどうか迷いました。うちの孫自慢に聞こえたら困るからです。Kには早期教育らしいことは何一つしていません。ただただ、絵本を身近な環境に置き、親子の読み合いを毎晩読み聞かせを行ってきた結果、自然と起きた現象としてとらえていただきたいのです。

【エピソード『おでかけのまえに』親子の読み合い】（傍線は絵本本文と一致した箇所）

「ばんざい　はれた　きょうはピクニックにいくひです」（K）

「だいどころでは」（母）

「おかあさんがおべんとうづくりのまっさいちゅうです」（K）

「テーブルのうえには」（母）「たくさんのごちそうがいっぱいのっています」「たべてもいい？」「だめだめ」「ピクニックに」（K）

「いってから」（母）

「テーブルのすみで」（母）

「あさごはんをたべながら」（K）「あやこはいいことをおもいつきました」（K）

「おかあさん、みて、わたし」（母）

「おべんとうをつくってあげたの」（K）

「まあ、おかあさんはびっくり　あやこは」（母）

「ぱじゃまで、ぱじゃまでてをふいていいました」（K）

「おとうさんに」（母）

「おしえてくるね」（K）

（すごいね、読むのひさしぶりなのにね）（母）
「おとうさんは」（母）
「まだひげをそっています」（K）
「おとうさんのバッグは」（母）
「まだあけっぱなし」（K）
「そうだ、このバッグ」（母）
「しめてあげよっと」（K）
「あやこはチャックを」（母）
「しめようとし」（K）
「しめようとしましたが」（母）
「ひもがじゃまになります」「ひもをひっぱりました」（K）
「おとうさん」（母）
「バッグがパンクしちゃった」（K）
「おやおや　あとは」（母）
「おとうさんがやろう」（K）
「あやこは」（母）
「きがえなさい」（K）

「おかあさんがあやこの」（母）
「いちばんすきなふくをきさせてくれました」（K）
「もうでかける？」（母）
「ここでまっていてね」（K）
「おてつだいは」（母）
「もうけっこうよ」（K）
「あやこは」「かがみのいっしゅうかん」
「もっと」（母）
「きれいにちよっと」「わたしちれい？」（K）
「おかあさんはあやこのかおを」（母）
「ごしごしふきました」（K）
「くつをしなさい。」（K）「もうでかける」（K）
「あと」（母）
「ごふん」（K）
「あやこは」（母）「あやこはまちきれません」（母）
「まちきれません」（K）
「いそいで」（母）

「しょとにで、でました」(K)
(ここ覚えてるでしょ(母))
「おかあさん、ころんじゃった」(K)(しゅぐころんじゃうねえ)
「さあ」(母)
「ちゅっぱつ」(K)「ばんざい、ピクニック!」(K)
「あやこは」(母)
「あやこはとんでんいんます」(K) おしまい

絵本『おでかけのまえに』のKと母親との会話で、傍線を付した部分が、福音館書店出版の絵本の文章と一致した箇所です。『かいじゅうたちのいるところ』をほぼ完璧に話していた3歳7カ月のLちゃんほどではありませんが、ほとんどのことばを踏襲していることがわかります。Kは、0歳から、多くの絵本の読み聞かせを母子で共有してきました。この絵本に関しても繰り返し、2カ月以上、数えきれないほど読んでもらっての結果です。Kの言語発達は比較的早く、初語は1歳1カ月でしたが、1歳3カ月には2語文、1歳6カ月には多語文を話しています。2歳9カ月のとき、発音が不明瞭であるものの、名詞、形容詞はもとより、接続詞、副詞、動詞の語彙も数多く話の中に取り入れています。たとえば、この絵本の中で「あやこはいいことをおもいつきました」「おべんとうをつくってあげたの」「いちばんすきなふくをきさせてくれました」という文章がありま すが、Ｋは日常会話の中で、「…いいことおもいついた」、「…をつくってあげるね」「パジャマをきせてくれたの」等々、絵本で表現されている文章を活用していることばが散見されます。

加えてＫの母親は、次のようにＫと絵本について語っています。

私が絵本好きだったこともあり、Ｋは生後１カ月から絵本と触れ合っており、今はお昼寝前と毎晩寝る前に必ず絵本を読んでもらうことを楽しみにしています。その時々でお気に入りの絵本は違いますが、執着する絵本は毎晩何度も繰り返し読みたがります。いつのまにか『おでかけのまえに』や『おじいちゃんとおばあちゃん』（ブルーナ）は文章を丸暗記していてひとりで読み出した時は驚きました。図書館や児童館にはよく足を運び、「おはなし会」にも参加しています。日常生活でも絵本のセリフの真似をしたり、登場人物になりきって行動することがよくあります。例えば『なつみはなんにでもなれる』（ヨシタケシンスケ『なつみはなんにでもなれる』ＰＨＰ研究所、２０１６）では自分の名前に置き換えてなつみの行動の真似をして遊んでいます。

次のエピソードは、出版社に勤務するおかあさんが、１歳11カ月のＭ君の大のお気に入り絵本『ぶたぶたくんのおかいもの』（土方久功作・絵『ぶたぶたくんのおかいもの』福音館書店、１９８５）を何度も読み聞かせた後の記録です。

【エピソード　M君の「ぶたぶたかあこう」】

長男（4歳）が物語性のあるストーリー性のある長い絵本が好きなため、弟のMは、いつも絵本を読んでいるそばにいます。1歳児であっても、長い絵本のフレーズを吸収しているようです。好きな絵本は以下となります。

①『ぶたぶたくんのおかいもの』（土方久功作・絵、福音館書店）
②『まよなかのだいどころ』（モーリス・センダック作、じんぐうてるお訳、冨山房）
③『おやすみなさい　おつきさま』（マーガレット・ワイズ・ブラウン作、クレメント・ハード絵、せたていじ訳、評論社）
④『でんしゃはうたう』（三宮麻由子文、みねおみつ絵、福音館書店）
⑤『カンカンカンでんしゃがくるよ』（津田光郎文・絵、新日本出版社）
⑥『おやおや、おやさい』（石津ちひろ文、山村浩二絵、福音館書店）
⑦『おまえうまそうだな』（宮西達也作・絵、ポプラ社）

などです。

どれも必ず「もう1回読んで」と言って、5回連続で繰り返し読んだり、毎日毎日同じ絵本を持ってきたりする、お気に入りの絵本です。

昨夜も『でんしゃはうたう』を読んで寝たのに、今朝起きてきてすぐにまた「読んで〜」と

▶『ぶたぶたくんのおかいもの』

持ってきました。

必ずしも豊かな言語の獲得、難しい用語を話す、というようなわかりやすい形での表現ではないのですが、彼の中に、それぞれの絵本の世界が確かにあると思います。

家の近くに「ぶた公園」という公園があり、「今日はぶた公園に行こう」と言って歩き出すと、歩きながら「ぶたぶたかあこお、ぶたぶたかあこお、くまくまどたじたどたあんばたん」と、本に出てくるフレーズを口ずさみながら、絵本に出てくるぶたぶたくんとかあこちゃんが歩いていたように、自分も楽しそうに歩いています。

「ぶた」という単語を耳にしただけで、いつでもすぐに「ぶたぶたかあこお…」が始まります。

0歳の頃からいろいろな絵本を読んで楽しんできたM君の場合、4歳のおにいちゃんの存在も大きいのかもしれません。M君のおかあさんは出版社勤務であるため、絵本環境は特に充実しています。『ぶたぶたくんのおかいもの』に啓発された「ぶた」ということばが気に入り、頻繁に口ずさむ様子が何とも微笑ましく、「ぶたぶたかあこお…」と口ずさみながら公園に向かう親子の光景が目に浮かびます。

[付記] 第2章は、浅木尚実・末永恭子「乳幼児期（1歳から3歳児）の言語獲得について『絵本の読み聞かせ』とリテラシー」（白鷗大学教育学部論集第14巻第23号、2020年11月）を下敷きに、大幅に書き換えています。

第3章　読み聞かせの醍醐味

1　絵本から聞くことば

(1) ことばの発達

あかちゃんは、初めてのお誕生日を過ぎたころから、「マンマ」や「ブーブ」といった初めて意味のある単語＝初語をしゃべり始めます。それまでもクーイングや喃語でおしゃべりはしているのですが、初語が出るまではことばを蓄積する時期でもあるわけです。ですから、あかちゃんに無言で対応しないでいただきたいのです。たくさん話しかけたり、あかちゃんに反応してことばかけしていくことが、あかちゃんが豊かにことばを話せることにつながります。

1章でシナプスの数が2カ月から増加し、8カ月でピークを迎え、10歳くらいで落ち着くという研究結果をご紹介しました。この研究が発表されてから、シナプスが刈り込まれないうちに、何でもかんでも学習させようと早期教育を行う人が増えました。たとえば、日本語だけでなく、ＲやＬが母国語のように発音できるように英語を学習させたりするひとも現れました。しかし、シナプスは刈り込まれ、整理されてこそ、新しい情報を吸収しやすいのです。まだ研究途上で未解明の段階でのあかちゃんへ早期教育は危険と言わざるを得ません。しかも、早期教育の効果があるとの結果は報告されていない上に、ＡＤＨＤなどの発達障害を引き起こす原因の可能性も指摘されています（小西行郎『赤ちゃんと脳科学』集英社、２００３）。

発達心理学の研究は目覚ましい発展を遂げていますが、その中でも認知発達や思考発達段階説を唱えたスイスの心理学者ジャン・ピアジェの功績は多大です。あかちゃんが生まれつき持っている反射を引き出すために、刺激を与えるとその刺激に反応してあかちゃんが意識しなくとも学習していくという説は多くの影響を与えてきました。しかし、現代は、刺激を吸収するばかりでなく、あかちゃんは自らも能力をもっており、刺激をきっかけに自発的な行動を行っていくといわれています。このように、あかちゃんの能力が、主体的、能動的に備わっていると考えると、周囲のおとなは、あかちゃんを白紙のように扱い、刺激を与えるばかりの対応より、赤ちゃんが発するノンバーバルなことばにも注力して理解していく必要があります。

あかちゃんは、9カ月頃になると指さしを始めます。この行為は社会に向けて第三者的な視野を持ち始めることを意味します。それまでは自分の不快な思い――たとえば、お腹が空いたとか、眠くても眠れない、動きたくても動けない――を心地よい状態することが最大の関心事で、その不快な状態を解消をしてくれるおとなが注目の対象でした。しかし、指さしをすることで、具体的なコミュニケーションがとれるようになった子どもは、自分の身近な食べ物や車や犬猫や遠く離れた空に浮かぶお月さまにも関心が向いてくるのです。何かに対して指をさす行動は、その子の意志が伴ったことばなのです。

やがて「マンマほちい」や「ブーブーいる」など意味をなす二語文、多語文のような文章になり、2歳頃には「こえは（これは）？」とモノの名前を知りたがり、第1回目の質問期を迎えることになるわけです。モノには名前があることがわかり、盛んに名前を連呼するので「命名期」ともいわれることは、第2章でも述べました。このように、1歳から3歳頃までは言語爆発期といわれ、できるだけ多くの母国語である日本語に触れることが重要です。ここで、大切なのは、この時期に十分なことばの力を身に付ける環境を周囲のおとなが用意してあげられるかどうかです。

(2) 絵本のことば

さて、ここで絵本とことばについて考えたいと思います。絵本は早期教育でしょうか。私はそうは思いません。絵本は教材ではなく、自然と子どものことばを耕してくれる環境です。子どもの語彙は、日常生活で頻繁に出てくることばだけでは培われません。あまり登場しないことばに触れるには、どうしても日常生活を超えた子どもの文学である絵本の世界に飛び込むことが必要です。子どもが自分から手を伸ばして届く環境に絵本があることが大切です。おとなと関わってほしいとき、子どもが読んでとせがんだ絵本が仲介となり、おとながお膝の上でスキンシップをとりながら読んでいくのが自然な絵本との出会いでしょう。

幼い子どもたちは、絵本を読んでもらうとき、自分は目で絵を見ながら、耳からことばや文章を聞いています。聞いている単語や文章からことばを学びとります。絵本を読むとき、おとなは、声に出してテキストを読んでいます。日常的には追いつかない分量のことばが絵本を読む際に子どもの耳に流れ込んでいるわけです。絵本を読むことが、潜在的に子どもへの言語入力の源になっているといっていいでしょう。

（3）絵本のテキスト

ここで、乳幼児のことばを獲得する際の絵本との関わりについての四つの研究をご紹介したいと思います。第一の研究は、「絵本のテキスト」のことばについてです。インディアナ大学の心理学・脳科学者であるジェシカ・モンタグは、絵本のことばを大量に集め、コンピューターで検索、分析したデータベースを作り、そのコーパス（多種多様な英語）の中から、こどもの言語学習にとって、絵本にはどのようなことばや文脈が使われているのかを分析していったのです（「子どもたちが聞く言葉：絵本言語学習の統計（*The Words Children Hear: Picture Books and the Statistics for Language Learning*）」）。

モンタグの研究では、統計的に絵本のテキストを構成している単語や文脈が多様性に富み、子どもにとって、よりよい言語環境をもたらしている結果になっていると示唆しています。もう少し詳しく説明すると、モルタグの統計では、絵本のコーパス（テキストや発話を大規模に集めてデータベース化した言語資料）と子どもに適した会話を比較した結果、普段子どもが話す会話と重複しない新しくて長めのことばが発見されたのです。絵本のテキストは、乳幼児のための語彙の重要な源になりうる可能性を指摘しています。

（4）絵本の環境

第二の研究は、幼児の日常生活の体験に関する研究です。カンザス大学のベティ・ハート博士とトッド・ライズリー博士が、幼児の日常生活を調査した『幼児期の生活体験の差（*Meaningful Differences in the Everyday Experience of Young American Children*）』は、親の職業によって子どもの語彙数が多くなったり、少なくなったりするデータ分析をしたものです。多い場合は４５００万語、少ない場合は１３００万語であったという結果が出ています。日常会話だけで、これだけの差がつくとは思えません。この研究調査では、親の職種や収入による分析結果なので、家庭の絵本環境が一概にこうした条件で割り切れるのかには疑問が残ります。（注：カンザス大学のベティ・ハートとトッド・ライズリーの調査研究をまとめた『幼児期の生活体験の差』によると、42の家庭を3つのグループに分け（生活保護受給者、一般労働者、専門的職業）、１３００時間にわたって記録した会話を分析した結果、専門職の親の子どもは４５００万語、一般労働者の子どもは２６００万語、生活保護受給者の子どもは１３００万語であった。）

日本の場合、職業の差というより、親の意識の中に絵本環境を豊かにしようと思えば、どの家庭でも毎晩子どもに読み聞かせをすることは可能です。図書館や子育て支援センターが充実していることからも、絵本環境を意図的に作ることが可能だからです。ですから、カンザス大学の調査研究のような数字は、日本の場合はあてはまらないかもしれません。しかし、絵本環境によって、子どものことばが豊かになるかどうかに違いが出てしまうのは間違いがないようです。

表3-1　現在の自分はどのような能力を得ているか

① 子どもの頃の読書量が多い人は、意識・非認知能力と認知機能が高い傾向がある。 ② 興味・関心にあわせた読書経験が多い人ほど、小中高を通した読書量が多い傾向にある。 ③ 年代に関係なく、本（紙媒体）を読まない人が増えている（平成25年と平成 30年を比較して）。 ④ 一方で、スマートフォンやタブレットなどのスマートデバイスを使った読書は増えている。 ⑤ 読書のツールに関係なく、読書している人はしていない人よりも意識・非認知能力が高い傾向があるが、本（紙媒体）で読書している人の意識・非認知能力は最も高い傾向がある。

（5）子どもの頃の読書習慣の影響

第三の研究では、日本で行われた調査に目をむけてみましょう。国立青少年教育振興機構青少年教育研究センターでは、全国の20～60代の男女5000名（各年代男女500名ずつ）を対象に子どもの頃の読書活動の効果に関する調査研究の結果を2021年に報告しています（https://www.niye.go.jp/files/items/6876/File/【概要】子どもの頃の読書活動の効果に関する調査研究.pdf）。子どもの頃の読み聞かせや読書活動の実態、読書活動に回答してもらい、大人になった現在の自分はどのような能力を得ているかどうかを調べたのです。

その結果を表3－1に示しました。

この結果の表3－1にある意識・非認知能力とは、「自己理解力」・「批判的思考力」・「主体的行動力」のことですが、さらに理解を助けるために付け足すならば、「自己理解力」は、「今の自分が好きだ」「自分には自分らしさがある」など自己肯定感をさします。「批判的思考力」とは、「ものごとを順序立てて考えることが得意だ」など、客観的、多面的、論理的に考える力があること、また自分あるいは他者の意見をまとめる力、コミュニケーション力を持っていることになります。三つめの「主体的行動力」とは、「分からないことはそのままにしないで調べる」など、何事にも進んで取り組む姿勢や意欲をもっていることを指します。総合的に社会人として欠かせない基礎力であるのではないでしょうか。

２０１３年、国立青少年教育振興機構が行った「子どもの読書活動の実態とその影響・効果に関する調査研究」の報告書を読むと、子どもの頃に「本や絵本を読んだことのある」「好きな本や忘れられない本がある」と回答した成人は、成人してからも1カ月の読書量や読書時間が多いという結果が出ています（調査研究報告書検索（niye.go.jp））。

(6) 魔法の読み聞かせ

第四の研究については、読み聞かせの効果を提唱しているアメリカのジム・トレリースの本をご紹介したいと思います。トレリースは、新聞社のライターですが、全土で講演会をしながら読書の楽しみを啓蒙していて、日本でも『できる子に育つ魔法の読みきかせ』（ジム・トレリース、鈴木徹訳『できる子に育つ魔法の読みきかせ』筑摩書房、２０１８ *Jim Trelease's Read-Aloud HANDBOOK Eighth Edition* (Penguin Books, 2017)）が翻訳されています。アメリカでは、すでに8回の改訂版が出版されています。

この本には、アメリカの小学4年生以上を対象とした「全国読書報告」が掲載されています。この年齢の子どもの1日の読書時間は平均12分、テレビを視聴する時間は2・23時間、スマホは今後の調査待ちですが、読書時間よりずっと長いことが推測できます。年齢があがれば、フェイスブックやツイッターで活字に親しんでいるようにみえますが、「内容は噂話やファッション、音楽やエンターテインメントがほとんどで、200字足らずの文章を読むことによって、読解力や思考力がつくわけではありません」とトレリースは警告を発しています。そして、絵本を読むことがどうして子どもが読めることにつながるかという問いには、次の3つの理由によって、明確な回答をしています。

実際読んでいるのは親なのに、どうして子どもが読めるようになるのですか？（76頁）

1　何度も繰り返し聞く

2　両親や兄弟の言っていることをマネする

3　状況や文脈から覚える

さらに、トレリースは、ハーバード大学小児発達センターの公開しているオンラインビデオを紹介し、乳幼児期——特に0～3歳児が栄養不足やトラウマなどの心の傷を受けると、脳に構造的な欠陥が生じてしまうことを指摘し、後の教育や治療も効果がないことに危惧を示しています。絵本の読み聞かせが、早期教育のためではなく、乳幼児期のケアとして、おとなとの絆をつくり、発音や単語やテキストの記憶が言語能力を高め、子どもの将来の架け橋になることを推奨しているのです。

（7）読み聞かせは楽しいもの

ここまで四つの研究の内容――絵本のことば・絵本の環境・子どもの頃の読書習慣の影響・魔法の読み聞かせ――について説明してきました。この研究のどれもが、言語爆発期ともいわれる乳幼児期に、絵本の読み聞かせの習慣を親子で共有することの大切さを説いています。子ども自らが、豊かな絵本のことばを吸収し、親子の絆を深め、将来の人格形成にもつながることを指摘しているのです。決して大判風呂敷を広げて誇張しているわけではありません。絵本の読み聞かせは、子どもが育つ上で、必要不可欠であることを理解していただきたいのです。

さらに同じ絵本を親子で共有することは、普段の会話にのぼってくる子どものことばを親が意識的にキャッチできる長所があります。親子で意図的に繰り返し、そのことばを楽しむことにより、子どものことばはより強固に広がっていきます。では、次に絵本のことばを聞くことの意義についてみていきたいと思います。

2　聞くことが頭脳を鍛える

(1) 聞くことの大切さ

ことばの機能は、三つあります。一つ目は、ひととコミュニケーションするときの機能です。二つ目は、ひとは考えるとき、ことばを使って考えます。したがって、語彙が少ないと、考える力も弱まってしまいます。三つ目は、自分の行動調整の道具です。「よし、がんばろう」とか「こわくないこわくない」等の自分に言い聞かせて行動を調整していく機能です。乳幼児期は、この三つのことばの機能を豊かに育てる基盤づくりの時期といってもいいでしょう。

言語心理学者のヴィゴツキーは、幼児期にはことばが外言化（考えていることを口に出して言う）していて、頭の中で考えていることを整理しながら、口に出していることを指摘しました。発達するにつれて、ことばが内言化し、徐々に声に出さずに頭の中で整理できるようになるのですが、コミュニケーションをする際には、まず最初にひとが考えている内容を聞くことが基本になります。聞くという行為は、ひとを穏やかにする一方で、不快な気持ちにする危険性もあります。こちらが真剣に話していても、話している途中で、遮られたり、相手の話に転換されたり、相手がきちんと受け止めて聞いてくれない場合、コミュニケーションは破綻してしまいます。「このひとと話していくと、気分がよくなる」とか「またあのひとと話したい」と思わせるようなひとは「聞き方」が上手なのです。悩んでいるとき、落ち込んでいる時、誰かが自分の胸の内に耳を傾けてくれると、それだけでこころが安定してくることがあります。

話す力を覚えると同時に聞く力も身に付けていくことが、生涯ひととの関係をよいものにしていく秘訣です。共感的で温かい聞き方ができるひとには、ひとが集まってきます。ここでは、聞くことがどのような効果があるのか、また絵本の読み聞かせが子どもにどのような影響を与えているのかを、最新の研究成果をご紹介しながら、紐解いていきたいと思います。

(2) 聞く力を鍛える

コミュニケーション心理学者である伊藤進は、『〈聞く力〉を鍛える』の中で、言語コミュニケーションのうち、スキルが必要なのは「読む」「書く」「話す」だけでなく、「聞く」もスキルであり、訓練や練習が必要であることを説いています（伊藤進『〈聞く力〉を鍛える』講談社現代新書、2008）。現代はなんでもマニュアルを作成する傾向にあり、「読む・書く・話す技術」のハウツー本はあふれていますが、聞くという作業にはマニュアルは作れません。ひとは一人ひとり違う存在であり、聞いた内容の意味理解は、個人個人の経験や個性によって異なってくるからです。生きた人間同士の複雑な相互作用である聞くプロセスについて、伊藤は、図3‐1のように分析しています。

図3－1　聞くプロセス

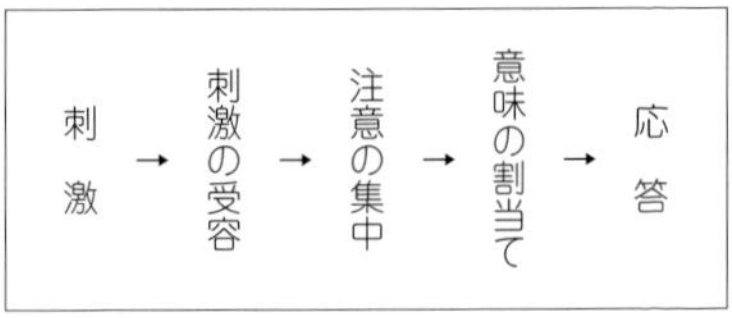

（出所）　伊藤（2000：112）

誰でもあまり馴染みのない話は、頭に入って来づらいといった経験をしたことがあるのではないでしょうか。自分の経験や知識以外のテーマに関して、聞く効率は大きく変わってきます。伊藤は、話の内容に関係するスキーマをもっていれば、話の流れに注意を向けることがしやすくなると説明しています。スキーマとは、「何かについて脳に蓄えられているひとまとまりの情報」（同前書、124頁）と呼んでいますが、脳には、無数のスキーマが蓄積されて知識を形成していっているのです。つまり、スキーマがあればあるほど、話のどこに注意を向ければよいかの判断がしやすくなります。加えて、スキーマは次々入ってくる刺激をまとめてとらえ、ひと固まりの情報として記憶させる機能もあるのです。大変面白い話ですが、子育てにおいても、子どものスキーマを高めることが、聞く力を鍛えることにつながることが大切です。育児の中での「聞く」スキルを鍛えるとはどのようなことなのでしょうか。

（3）聞くことと脳の働き

日本は高度成長期を経て、日常生活が格段に便利になりました。洗濯は全自動洗濯機に任せ、料理はレトルトや電子レンジの登場で短縮化でき、インターネットで家にいながら世界中の情報を集めることが可能になりました。

一方で子どもの文化が視覚的な情報（ビジュアルメディア）ばかりになっているのも心配の種です。というのは、文明の利器はおとなの仕事の肩代わりはできても、子どもの脳の機能の発達には貢献できていないからです。

テレビが普及する以前は、人々は情報を得る手段として新聞やラジオに頼っていました。耳からの情報は、ニュースの現場を想像させ、記憶する役割を果たしていましたが、便利なはずのスマホやテレビ、ゲームは子どもの前頭野の機能を低下させているという研究結果もあります。前頭野は「やる気」を活性化し、感情をコントロールする働きを持っている大脳皮質にある場所です。脳の働きを活発にさせるには、人間が生まれ持った想像力を駆使する習慣が何より大切です。

ラジオを聞いている時の脳は、脳の活動状態を測定する光トポグラフィによる実験によると、耳で聞いている情報から想像力によって情景を視覚化していることがわかってきました。これは、前頭連合野や側頭連合野の高度な働きによるものです。テレビ等の視覚的な情報だけでは、脳内で見たままの情報を組み立てるだけなのに対して、ラジオのほうは、想像する作業をとおして、記憶の貯蔵庫から関連した情報を引き出し、推測しながら情報を組み立てていく手順を踏んでいるため、より脳内の部位をバランスよく使っているのです（板倉徹『ラジオは脳にきく　頭脳を鍛える生活習慣』東洋経済新報社、２０１１）。

（4）読み聞かせと脳

脳内の発達は目に見えないため、おろそかにされがちですが、聞くことによって、子どもの脳全体が鍛えられていることがわかってきました。先程の例は、ラジオを聞くことで想像力や集中力が高められる実験でしたが、読み聞かせも同様の効果があります。
テレビやビデオといったビジュアルメディアの一方通行ではなく、絵本の読み聞かせは読み手と子どもの双方向のコミュニケーションが必要です。誰かに読んでもらうことは、ラジオを聞くのと同じ脳内作業が行われ、絵本に描かれていることを手掛かりに、絵にない場面を想像しているのかもしれないのです。

（5）国際的な読み聞かせの広がり

さて、こうしたさまざまな研究が絵本の読み聞かせについて世界中で進んでいます。40か国で行われたＰＩＲＬＳ（国際読解力）調査では、義務教育に就学する前の家庭での読み聞かせに関する学習活動が、数年経過した後の10歳時点の読解力において、読み聞かせの経験の有無で大きく差がつくと報告されています。

ＯＥＣＤ諸国における乳幼児期教育とケア（ECEC：Early Childhood Education and Care）は、今後各国で取り組むべき政策に関して『ＯＥＣＤ保育の質向上白書――人生の始まりこそ力強く：ＥＣＥＣのツールボックス』（ＯＥＣＤ編著、秋田喜代美他訳、明石書店、２０１９）にまとめていますが、そこでは、「家庭と地域社会との関与」の重要性が指摘されています。人生の始まりの根幹をなす「家庭での学習環境の質的向上」にも注目が集まっています。政策レベル４「家庭と地域社会の関与１」に示された「家庭での学習環境が子どもの学習成果に与える影響」の中で、今特に注目されているのが、家庭での絵本の読み聞かせです。

絵本を読んであげることが、子どもの言葉の発達を向上させることは、前章で紹介した絵本の文章を丸ごと覚える力が子どもに備わっていることでも証明できます。暗記するまでに至らなくても、絵本の語彙に触れるか触れないかで、子どもに蓄積していく語彙力や文章力は各段の差がついてしまいます。

3 読み聞かせと識字能力

(1) 読書と脳

「識字の学習は、幼児がひざに抱かれて、初めてお話を読んでもらう時から始まります。生後五年間にそんな機会がどれほどあったか、なかったかが、後の識字能力を予測する最良の判断材料のひとつになる。」（メアリアン・ウルフ『プルーストといか——読書は脳をどのように変えるか？』インターシフト、２００８、39頁）

幼い頃からの読み聞かせを推奨するこの本の中で、作者のメアリアン・ウルフは、人類史上、人類が識字能力を発達させるのに、約２０００年もの時を要したにもかかわらず、現代の子どもは２０００日（約６年）余りで活字を理解するように強いられていることを指摘しています。

「たくさんの言葉を耳にし、自分でも使用して、その意味を理解し、分類し、幼い脳にしっかりと刻んで入園する子どもたちは、教育面でも有利に立つ。」（同前書、40頁）

また、『読み聞かせ――この素晴らしい世界』（ジム・トレリース、亀井よし子訳、高文研、１９８７）では、生まれてすぐのあかちゃんの聴覚はひじょうに敏感で、ひとの声かけがあかちゃんの精神状態を落ち着かせる最も強力な手段であると述べています。さて、読み聞かせによって聴覚が刺激されることによって、結果的には識字能力が高まることも最近の研究でわかってきました。

(2) 識字能力と子ども

ひとはどのようにして、文字を習得していくのでしょう。人類が地球上に誕生した当初は、文字は存在しませんでした。やがて、人々はコミュニケーションのひとつの手段として、ことばを発明し、やがてそれを絵にして記録していきました。ラスコーの壁画に狩りの仕方が描かれているのは有名ですが、人類が編み出した最初の文字は象形文字の元となった絵であったのです。その後、各地域によってさまざまな言語が誕生していくことになるのです。

幼い子どもはお菓子のパッケージの文字や自分の名前が書かれた文字を音読するうちに、その文字の働きが見えてきます。日本語は特に音読した時の音と文字が一致するので幼児にとっては好都合なのかもしれません。

モノには名前があると認識できる2歳頃から、命名とことばへの認識が始まるのではないでしょうか。ドイツの哲学者ヴァルター・ベンヤミンは、命名こそが人間の本質的な行為と捉えています。子どもの識字レディネスは、読字に対する準備が周到であるほど効率よく発達するという結果にもつながっています。

しかし、識字能力の発達はゆっくりとした速度で、幼児期に育まれ、決して急いで身につけるものでもないようです。児童心理学者のデイビッド・エルカインドは、親がわが子に文字を読ませる時期をどんどん早めていることに警鐘を鳴らしています（デイヴィッド・エルカインドほか『急がされる子どもたち』紀伊国屋書店、2002、143頁）

読字が可能になるには、脳内でさまざまな視覚野や聴覚野が、言語野や概念ごとに接続したり、統合したりする体験を積み重ねる必要があるといわれています。少し難しい用語でいうと、脳領域の接続や統合はニューロンの軸索のミエリン化によって決まります。ミエリンとは、神経細胞を何層にも包んでいる脂肪でできた鞘ですが、このミエリンの層が厚くなればなる程、ニューロンが電気信号を伝える速度が速まるといわれているのです。このミエリンが十分に発達するのは5～7歳といわれ、この年齢以前にいくら読み方を教えようと努力したとしても、生物学的に時期尚早であるというわけです。

つまり、幼児期の絵本の読み聞かせは誰かに読んでもらうことによって、聴覚野が刺激され、脳の言語野の発達を促します。そして、時期が熟せば、語彙、読解力ともに著しく発達を遂げるのです。

(3) クシュラの奇跡

こうした言語発達の環境の意義については、ドロシー・バトラーの『クシュラの奇跡――１４０冊の絵本との日々』（ドロシー・バトラー『クシュラの奇跡――１４０冊の絵本との日々』百々佑利子訳、のら書店、１９８４）の実話を読むとよく理解できます。クシュラは生まれつき染色体異常のため、脾臓、腎臓、口腔に障害があり、筋肉麻痺のため、夜も2時間以上は眠れない日々を送っていました。視力も弱く、３歳の頃には精神的肉体的に疲弊していると医師に告げられていましたが、両親は早くからクシュラが本に興味を示していることに気が付き、一日に14冊の絵本を読み聞かせる読書療法を実行したのです。その甲斐があって、クシュラが5歳の頃には通常より高い知能と社会適応力を身に付けることができました。クシュラが奇跡を起こしたのは偶然ではなく、両親によるたゆまぬ読み聞かせの積み重ねがクシュラの能力を刺激していったと考えられます。

(4) 絵を読む

読み聞かせの構造に遡って考えると、絵本の読み聞かせとは、おとなが文章を読み、子どもが絵を読む共同作業です。絵本の文章を耳で聞きながら、子どもは絵の情報を読み取っていきます。子どもには、おとなが見落としてしまうような細部まで気づく能力があるのです。自分でたどたどしく絵本の文字を読むときには、絵は読めません。絵本の読み聞かせ時には、子どもは耳でことばやテキストを理解し、脳にスキーマとして蓄積しながら、同時に絵を読む楽しみも得ているのです。絵を読むことについては、イコノロジー（図像解釈学）という学問があり、絵本の絵を読む研究も盛んにおこなわれています。筆者も『絵を読み解く絵本入門』（藤本朝巳・生田美秋編著『絵を読み解く絵本入門』ミネルヴァ書房、2018）で、『わたしのワンピース』（にしまきかやこ『わたしのワンピース』こぐま社、1969）の絵の分析を試みておりますので、そちらを参照していただければと思います。

第４章　絵本が育てる子どもの力

1　おとなになる前につけたい五つの土台

(1) 五つの土台とは？

あかちゃんは、誕生後自分が生まれた環境に慣れながら、脳内のアンテナを張り巡らせ、シナプスを増やしたり、刈り込んだりしながら、ことばをはじめとする多くの環境に適合していきます。一体乳幼児期にはどんな力をどのように伸ばしていけばよいのでしょうか。ここでは、五つの要素を取り上げ、人生を歩む上で欠かせない五つの土台と称して考えていきたいと思います。この五つの土台は、子どもが日常生活を歩みながら、どれも絵本からヒントを得ることができ、絵本を読んでもらいながら自然と体得していくことができるものです。

五つの土台とは、愛着形成、自己肯定感、認知能力・非認知能力、ユーモアのセンス、思いやりの心ですが、その他にもおとなになるまでには多くの学びが必要であることは言うまでもありません。しかし、この五つを絵本から吸収していくためには、絵本のことをよく理解したおとなが必要です。この章では、絵本の力が、五つの土台の発達にどのようなかたちで貢献しているのかを検証していきたいと思います。

(2) 愛着形成

まず、はじめは愛着形成です。人生の最初の時期に両親や特定のおとなにたっぷりと愛情をかけてもらい、子どもとお互いに信頼関係を結ぶことを愛着関係といいますが、人生の船出前に錨のように安心した居場所を与える場を提供しています。

第1章では、あかちゃんがこの世に生まれ、愛着を感じられ、信頼できる身近なおとなとのつながりを作ることが、人生の土台を作る上で大変大切であることを述べてきました。その方法として、絵本が大活躍するという話をしました。ひとは愛される経験をして初めて誰かを愛することができるようになります。たとえば、毎晩寝る前に、絵本を読んでもらう体験を通してでも、両親の愛情を感じることにつながります。

『くっついた』（三浦太郎『くっついた』こぐま社、２００５）というあかちゃん絵本があります。２頭のゾウの鼻がくっついたり、サルの長い手がくっついたりしながら、「くっついた」ということばが繰り返されます。ラストに「おかあさんとわたしがくっついた」とのことばと一緒に、わたしのほっぺたに、おかあさんのほっぺたがくっつきます。クライマックスには、わたしを真ん中に、おとうさんのほっぺたも、わたしの反対側のほっぺたにくっつくのです。ごくごく小さい頃から、両親にこの絵本を繰り返し読んでもらうことで、自分が愛され、家族に守られていることが実感できる1冊です。実際におかあさんやおとうさんとくっつきたがるあかちゃんの行動は、この絵本の読後の定番となっています。絵本を読むことをきっかけにして、改めて両親との愛着関係を認識で

▶『くっついた』

きるのです。

（3） 自己肯定感

二つ目の土台は自己肯定感です。自己肯定感とは、心理学用語で「自分に対して前向きで好ましく思うような態度や感情」（田中道弘『シリーズ自己心理学　第6巻　社会心理学へのアプローチ』下斗米淳編、金子書房、２００８）と定義されています。自己肯定感とは、自分に自信をもって前向きに進んでいける自分への信頼感といえます。日本人は、概してこの力が世界の若者の中でも低いといわれています。子どもが、未来に向かって力強く生き抜くためには、どうしても何事にもめげずに頑張りぬく力が必要です。生きる力を発揮するために、自分に対する自己肯定感が自分を支えてくれるのです。

わが国では、残念ながら、いじめ、うつ、不登校、摂食障害を始め、子どもを取り巻く諸問題が渦巻いており、社会に深刻な影を落としています。２００９年に実施されたベネッセ教育研究開発センターの質問紙調査では、小学生から高校生に至るまで、自分の性格に対する満足度は、50％に満たない結果となっています。

２００７年ユニセフが実施した「子どもの幸福度調査」（www.nier.go.jp-UnicefChildReport.pdf）においても、「孤独を感じる」に関する回答が29・8％と高く、ＯＥＣＤ加盟国25カ国中でも、日本の子どもは、幸福と感じている割合が極めて低いことが判明したのです。子どもの自殺率の高さが象徴するように、自分に対する価値や存在意義に悩んでいる現状があります。こうした実情から目をそらすことなく、現実を重く受け止めて、子どもの成長や発達の過程で、子ども自身の自己肯定感をしっかりと育んでいくことが重要です。

児童精神科医の古荘純一は、学校現場の相談において、「居場所がない」「疲れた」と訴える子どもたちを目の当たりにし、日本版ＱＯＬ尺度の開発に携わってきました。その調査の結果から、自分自身や学校などの満足度に関する質問に対し、下から2番目の「ほとんどない」を選択している子どもの多さに衝撃を受けています。前述したように、日本の子どもの主観的な幸福度が、他国と比べて突出して低いことの原因の第一として考えられるのは、社会全体に不安が蔓延していることが挙げられます。日本には災害が多く、東日本大震災を始め、水害やコロナ禍など、家庭にも大きな影を落とすような被害が出ており、日々流れているニュースも殺人・強盗・貧困等暗い内容のものがほとんどのような気がします。子どもは周りの状況を敏感に感じ取っているのです。

第二には、両親の自己肯定感自体が低く、それが子どもに投影していることが考えられます。周囲の大人が、子どもに否定的なメッセージを送り続けると、自分の存在価値を評価できず、自己に対する受容も困難となり、自己肯定感を育成できないまま成長してしまうのです。

第三には、子どもの自己肯定感を積極的に育成していく環境が整っていないことがあげられます。現状としては、子どもの心の健康へ寄り添う援助は、学力偏重主義の日本の教育界の陰で、後回しにされてきましたし、ゆとり教育においても自己肯定感育成につながったわけではありませんでした。学校教育の進学システムも偏差値教育から抜けきれておらず、ひとを学力で判断する偏った見方が未だに根強いのではないでしょうか。これでは、前向きに生きて、自己肯定感を育成していくうにも障害が多すぎるでしょう。

こうした局面を打開できるのは、周囲の大人が行動を起こすことです。少しでも現状を変えていき、改善を図っていくことが肝要です。しかし、自分自身への肯定的評価がもっとあがれば、前向きになり、自分なりの解決策を考えることになるのです。自分に自信をもつことができれば、情緒の安定のみならず、社会的適応力、逆境に強いといった本来の生きる力につながっていきます。

一般的に教育界でいわれている自己肯定感を高める方法をここでご紹介しておきます。「子どもの行動を肯定的に捉える」、「ほめる」、「子どもの言葉に耳を傾ける」等、子どもが自分自身に価値を見出し、考えを発展させていくように仕向けるものですが、ただ、自己肯定感を育みたい一心で子どもを過剰にほめて育てることは、間違った方向で自己肯定感を育成することにつながります。一昔前には、ほめる教育が推奨され、「子どもはほめて育てましょう」とキャッチコピーのような育児法がもてはやされたことがありました。しかし、アメリカでは自信過剰人間を産みだし、自己中心的な他者を思いやれない人間が増えてしまったという弊害がありました。ほめることは大事なことですが、ほめるポイントとして、その子が頑張った成果や達成した行為をほめることが大切だといわれています。かわいいとか親がすごいとか、本人の人格と関連のないほめ方は、勘違いを産みだしてしまう可能性があるのです。速水敏彦は、歪んだ自己愛的な自尊感情を「仮想有能感」（速水敏彦『他人を見下す若者たち』講談社、２００６）と呼び、警鐘を鳴らしています。成績のみで子どもを評価する仕組みは、偏差値教育の視点からしか見ておらず、その子の長所を伸ばす教育には向いていません。

本書の第３節で自己肯定感の高い主人公が活躍する絵本を紹介していきたいと思います。

(4) 認知能力と非認知能力

第三の土台ですが、人間には認知能力と非認知能力という能力がありますが、認知能力はいわゆる知能検査やＩＱでは測定できる能力で、非認知能力とは、意欲、自信、忍耐、自立、自制、協調、共感などこころの能力を指します。現代では特に非認知能力が注目され、学力だけでは測れない人間力が重視されています。非認知能力の向上を目指すには、意欲的に活動する中で、自分をコントロールし、我慢すべきは忍耐力で乗り切り、自立し、ひとに共感し、協調しながら、目標を達成できなければなりません。非認知能力がどのように育つかについてさまざまな研究が進んでいますが、幼児がおとなになるまでの長い期間の追跡調査が必要です。徐々にデータが集まりつつありますが、子どものときの過ごし方が将来の人間関係などに大きく影響するといっていいでしょう。この能力については、たくさんの著書が出版されていますので、ここでは簡単に述べるに留めておきます。

(5) ユーモアのセンス

これからの国際社会に向けてコミュニケーションを円滑にする際に、第四の土台であるユーモアのセンスは欠かせません。ジョークやユーモアのある一言が潤滑油として必要であることは、子育ての要件としては日本ではあまり言われてきませんでした。しかし、真面目で勤勉を誇りとする日本人の国民性は、ともすると頭が固いとかシャイであると思われがちです。欧米などでは、会議でもジョークが場を和ませて人心をひとつにする光景がよく見られます。乳幼児の頃からユーモアのセンスを磨かないと、なかなかおとなになってからでは身に付きにくいものです。

ユーモアと一口にいっても、攻撃的な笑いや下品な笑いといったひとを傷つけるユーモアは、コミュニケーションにマイナスに働くことになり、プラス要因にはなりません。自分の周囲のひとが、みな気持ちがよくなるようなユーモアのセンスは一朝一夕には身に付きません。イギリス人はジョークが上手で、文学にもナンセンスなものが伝統的にたくさんあります。『不思議の国のアリス』や『くまのプーさん』を読むと、ユーモアのセンスやウィットに富んでいます。幼い頃からこうした文学に触れることは、自然とユーモアのセンスを会得することにつながります。

絵本にも多くのユーモアにあふれたものがあります。子どもたちは、面白い絵本が大好きで、くり返し読みたがります。たとえば、長新太の『ゴムあたまのポンたろう』（長新太『ゴムあたまのポンたろう』童心社、１９９８）は、あたまがゴムでできているポンたろうが、ボールのように山や木にぶつかりながら、空の旅をする話ですが、子どもは、ナンセンスな内容をおとなより享受することが上手です。『ひとまねこざる』シリーズでは、主人公のジョージのいたずらに声を立てて笑い転げる姿を思い出します。

ユーモアには、他者をからかい、場を支配するような攻撃的なものもありますが、他者を楽しませ、対人関係の緊張を和らげたり、直面するストレスや困難な局面をユーモラスに捉える力こそが、人生の大きな味方になります。絵本で笑いながら、自然と培われるユーモアのセンスは、無意識についてくるのではないでしょうか。

（6）おもいやりの心

先程、自己肯定感の高いひとほど、他者への思いやりをもてることに触れましたが、第五の土台

図3－2　乳幼児期に身に付けたい5つの力

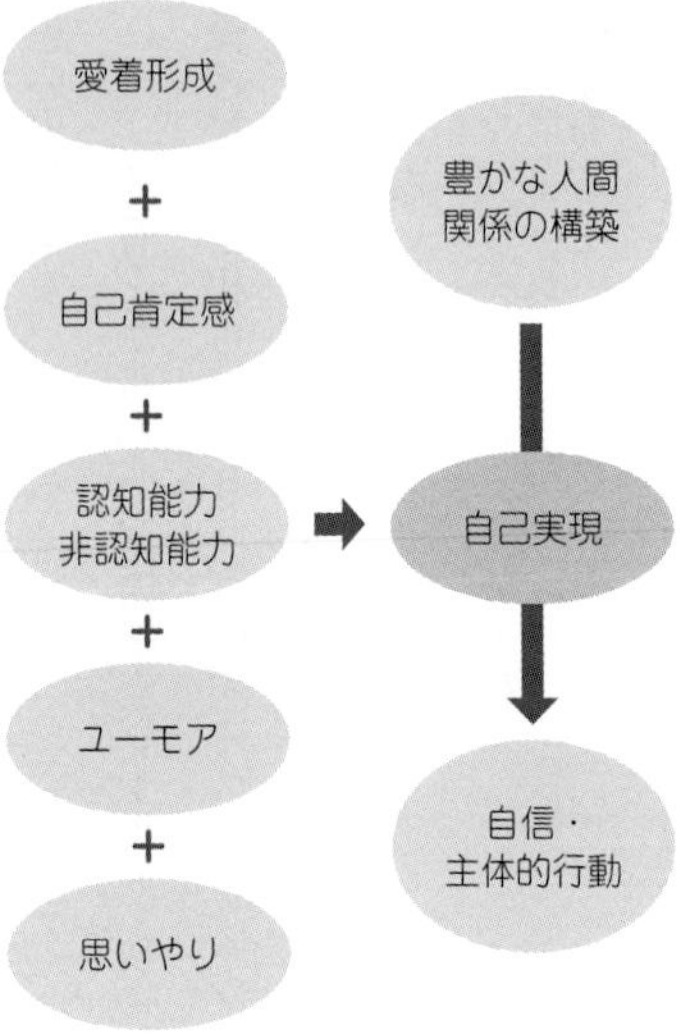

であるおもいやりについても絵本の物語にふんだんに取り入れられています。くわしくは、後ほど具体的な絵本をご紹介しますが、子どもは、元々やさしい気持ちをもっています。親が少しでも疲れた表情を見せると、心配そうにいたわりの言葉をかけてくれます。自分が可愛がられていれば、余裕をもってひとにやさしく接することができるのです。

図3－2は、乳幼児に鍛えたい5つの力が、おとなになって生きる力となり、自らの人生を力強く歩み、自己実現につながることを示しています。もちろん、ここで取り上げた5つの力の他にもさまざまな要素がありますが、乳幼児期に特に身に付けたい代表的な5つとしてここでは考えていただきたいと思います。

2　絵本の主人公は子どもの成長モデル

(1) 絵本の主人公は子どもの成長モデル

乳幼児期にどうやったら、人生に欠かせない５つの土台を身につけていけるのでしょう…もちろん一朝一夕に獲得できるものではありませんが、子どもは試行錯誤をしながら、体験を重ねる中で自らが主体的に体得していきます。そのためには、周囲のおとなによって子どもの能力が、発達しやすい環境を作ってあげることが欠かせません。環境を整えていくのに、簡単なマニュアルがあるわけではありません。しかし、歴史的に実証されて結果を出せたものもたくさんあります。たとえば、運動会の練習をする中で、努力して竹馬に乗れた達成感を味わったり、欲しいおもちゃを買ってもらえず我慢したりすることで、非認知能力が育つこともあるのです。子どもは模倣の達人ですから、異年齢で年長の子どもの真似をしながら成長していきます。３歳児は５歳児にあこがれ、一生懸命背伸びをしながらまねっこをしようとします。異年齢保育では、大きい子が小さい子のお手本になることが一つの目標となりますが。こうした体験の積み重ねからひとは育っていきます。しかし、子どもの日常にはお手本になるような人物がそうそう現れてくれるとは限りません。そこで、毎日の絵本の中には、生きる姿のお手本についても、絵本の登場人物が数多くのことを教えてくれているのです。

▶『ぐりとぐら』

(2) ぐりとぐらは子どものヒーロー

では、実際に具体的な絵本の登場人物はどのように描かれているのでしょう。長い期間出版され続けているロングセラー絵本はなぜ人気が衰えないのでしょうか。人気の秘密を紐解くことによって、子どもに強く語りかけている何かがわかってくるかもしれません。

最初に取り上げるのは『ぐりとぐら』（なかがわりえこ作、おおむらゆりこ絵『ぐりとぐら』福音館書店、１９６３）です。『ぐりとぐら』といえば、20代30代のおとなになって、幼い時一番好きだった絵本についてたずねた調査（キャラクターバンク「心に残る絵本に関する生活意識レポート」２００６）で何年にもわたって第一位に君臨するほど、１９６３年に出版されて以来のロングセラー絵本です。作者の中川李枝子は、元保育士です。戦後の混沌とした時代に東京の世田谷にある駒沢公園内の小さな保育園で、働いていました。保育理念は子どもたちが毎日楽しく過ごすこと、子ども一人ひとりを穴が開くほど観察して、より良い保育を目指していたエピソードは、多くの絵本や幼年童話に生まれ変わって描かれています。絵本の出版もまだままならない頃、国内外のおもしろい絵本を作ろうという意図のもと、岩波の子どもの本シリーズが発刊され、『ちびくろサンボ』が大ベストセラーになりました。中川李枝子は、当時大人気だったその絵本を来る日も来る日も子どもと一緒に読み、とうとうみんなでカステラ作りをしたことがエッセイ集『本・子ども・絵本』（中川李枝子『本・子ども・絵本』文芸春秋、２０１８）の中に書かれています。こうした子どもたちとの楽しい活動が原動力になり、『ぐりとぐら』が誕生しました。背景に子どもの生き生きした姿があるからこそ、子どもの気持ちをつかんで離さない底知れない魅力があるように思います。

学生に小さい頃に『ぐりとぐら』のどんなところが好きだったかを聞いたところ、次のような答えが返ってきました。

【学生が小さい時に感じた『ぐりとぐら』の魅力】
（浅木尚実編著、同文書院、２０１５『絵本から学ぶ子どもの文化』１０９頁）

＊わたしが『ぐりとぐら』の絵本が好きな理由は。２匹の世界の中にはいりこめるところだと思う。絵本を読み進めていくと、自分も小さくなったような気がするし、普段は小さく見える卵やフライパンもとても大きくて、重い物のように感じてしまう。

＊小さい頃、お気に入りだったシーンは、大きい卵をぐりとぐらが、発見するシーンである。ぐりとぐらの背たけを超えてしまうくらいの大きな卵が小さい私からみたらとても魅力的だった。

＊野ねずみが人間のおうちにはいっていくときのドキドキ感と人間の手袋や靴下、フライパンなどの大きさと野ねずみの大きさの違いが見えているのがおもしろく、印象的だった。
＊カステラを作るのに必要な材料をお母さんが読んでいる時「はやくカステラ作らないかなー。」と毎回ドキドキしたのを覚えている。カステラが完成する頃に、森のお友達がたくさん出てくるのも『ぐりとぐら』の魅力だと思う。完成したカステラを2人で食べるよりも、仲間たちと食べた方がおいしく感じるからだ。「おいしい」という言葉はぐりとぐらからしたら、とても嬉しい言葉だったにちがいない。
＊一番印象に残っているところは「けちじゃないよ。ぐりとぐら」というところです。小さかった私は、いつもご飯やおいしいおやつを独り占めしていました。そのときに少しだけ胸がいたくなりました。

また、次のような学生のエピソードも心あたたまるものです。

【エピソード　母の声を聴きながら寝る時間】（N）

母と妹と3人でよく図書館に行っていました。キッズコーナーでたくさんの絵本の読み聞かせをしてもらっていた記憶があります。そのくらい、私は絵本にお世話になったんだなと思います。妹ができてからは、母との２人きりの時間が減ってしまって、寂しいなと思っていたけれど、妹が寝たあと、母に余裕がある日にはいつも『はじめてのおつかい』か『ぐりとぐら』の絵本を読んでもらっていました。唯一母と２人きりになれる時間が、母の絵本の読み聞かせの時間だったので、母の声を聴きながら寝る時間がとても大好きでした。母の『ぐり、ぐら、ぐり、ぐら』のフレーズを読む声はなんとなく今でも覚えています。絵本のエピソードを思い出してみると、「絵本は子どもと親の絆を深める」と授業で学びましたが、まさにその通りだなと感じました。保育者になったら、子どもたちにたくさんの絵本の読み聞かせをしたいなと思います。

(3)『ぐりとぐら』の人気の秘密

ロングセラー絵本がなぜこんなにも子どもに支持されてきたのか、次の３つの仮説を立ててみました。

① 小さい者同士の共感性

のねずみのぐりとぐらは、子どもと等身大で、自分より大きなおとなの道具に囲まれて生活しています。そのため、おおきなたまごを見つけておおきなフライパンやフライ返しを引きずってくるぐりとぐらに共感しやすいからではないでしょうか？　ぐりとぐらが直面する難題に対して、「どうすれば運べるか?」「どうすれば料理ができるか?」と主人公と一緒に考えていくところが面白いのです。

② 頑張りぬく主人公にエールを送る

ぐりとぐらはどんな困難な場面でも決してあきらめません。おおきなたまごが重くて運べないとき、たまごが運べないなら、お鍋をここへもってこようと考えたり、たまごを割ろうとげんこつでたたいたとき、痛くて涙を流しながら、石で割る方法を考え付いたりします。こうしためげずにやりぬく姿に読者である子どもは感銘を受けているのではないでしょうか? このことは自己肯定感にもつながっていきますが、多くの絵本の主人公が頑張り屋さんなのです。

③ リズミカルな歌

『ぐりとぐら』の文章には、歌が出てきます。「ぼくらのなまえはぐりとぐら このよでいちばんすきなのは おりょうりすること たべること ぐりぐらぐりぐら」の弾むようなリズミカルな歌で自己紹介ともいえる内容が奏でられています。特に曲の指定はないのですが、『ぐりとぐら』の50周年記念の際、福音館書店で曲を募集したところ、なんと100曲もの楽譜が送られてきたといいます。『ぼくらのなまえはぐりとぐら――絵本「ぐりとぐら」のすべて』(『ぼくらのなまえはぐりとぐら――絵本「ぐりとぐら」のすべて』福音館書店母の友編集部、2001)の中で、鑑賞することができます。この本には、世界12か国に翻訳された言語のＣＤも付録で聴くことができます。

④　わかりやすい文章

『ぐりとぐら』の文章をじっくりと味わってみましょう。３場面目のページで、ぐりとぐらが大きなたまごと遭遇したとき、ふたりはこんなせりふを口にしています。

> ぐり：「やあ、なんておおきなたまごだろう。おつきさまぐらいのめだまやきができるぞ」
> ぐら：「ぼくらのべっどより、もっとあつくてふわふわのたまごやきができるぞ」
> ぐり：「それよりも、かすてらがいいや。あさからばんまでたべてもまだのこるぐらいのおおきいかすてらができるよ」
> ぐら：「そいつがいいや」
>
> （なかがわりえこ『ぐりとぐら』おおむらゆりこ絵、福音館書店、１９６３）

単にたまごの大きさを表現するのに、なんとわかりやすく文学的な描写の仕方でしょう。子どもは、こうした日常会話ではあまり使わない美しい日本語を耳にしながら、おはなしを聴いているのです。

⑤ 可愛らしい細部にわたって描きこまれた親しみやすい絵

ぐりとぐらの愛らしいイラストは、中川李枝子の妹の山脇百合子が描いたものです。姉妹ならではの息がぴったりあった絵と文のコラボレーションが、名作誕生の背景にあるのです。のねずみは、国立科学博物館の標本からヒントを得たという話ですが、子どもが大好きな場面はなんといってもカステラをみんなで食べる場面でしょう。ふっくらと焼けたカステラを囲んで大勢の動物が少しずつカステラを口に運んでいます。そこには、中川李枝子のほかの作品の登場人物も描かれていて、中川作品のファンにとってはなんとも楽しい場面になっています。そして、おおかみの肩にとまっている小さな鳥のくちばしにも点のような小さなカステラがついていて、こうした細部にわたる誠実な描き方も子どもにとって、信頼を裏切らない描写であるのではないでしょうか。

3 自己肯定感と絵本

(1) 成功体験のイメージ作りとしての絵本

子どもの自己肯定感を高める具体策の一つとして、絵本――特にロングセラーを続けている絵本の読み聞かせが子どもの自己肯定感を育てるのに、無理のない方法ではないかとかねてより考えてきました。ロングセラー絵本とは、「30年以上、版を重ねながら出版され、現在でも売れ続けている絵本」と定義しておきますが、子どもからの支持がなければ、世代を超えての長期間の出版は不可能です。先程の『ぐりとぐら』は１９６３年が初版です。同じ福音館書店の「こどものとも」シリーズの『だるまちゃんとてんぐちゃん』（加古里子作・絵）は、１９６７年が初版で、『ぐるんぱのようちえん』（西内ミナミ作、堀内誠一絵）は、１９６５年が初版、『しょうぼうじどうしゃじぷた』（渡辺茂男作、山本忠敬絵）は、１９６３年初版になります。どれも50年以上出版され続け、世代を超えて親から子へと、子どもの心をつかんできたロングセラー絵本です。ここでほとんど同時期に出版された福音館書店の「こどものとも」シリーズ４冊を中心に、どのような登場人物が描かれているのかを検証してみたいと思います。

▶『だるまちゃんとてんぐちゃん』

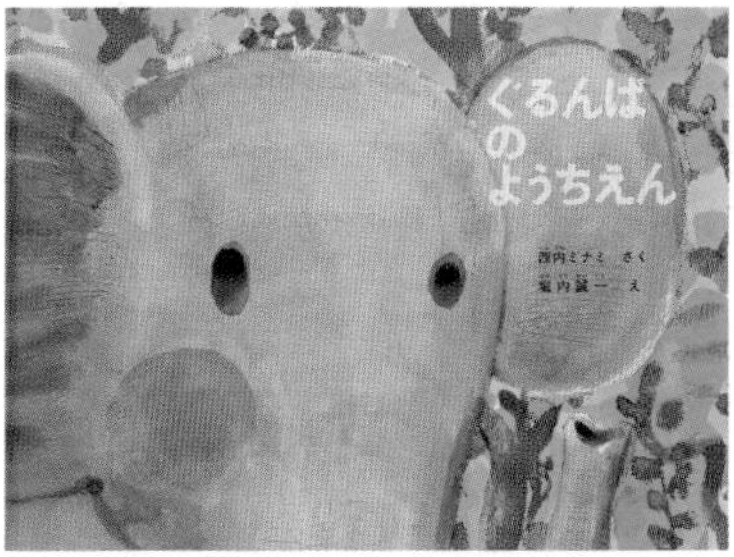

▶『ぐるんぱのようちえん』

▶『しょうぼうじどうしゃじぷた』

(2) 子どもの視点で描いた絵本

福音館書店の元社長であり、名編集者でもあった松居直は、編集者として多くの名作を産みだしてきました。子どもの絵本について、子どもの側から描かれることの重要性を強調しています。おとなが自分の好みで選んでいる絵本はとかくおとなになった自分の視点になりがちです。絵本選びは、意外と難しく、子どもがどう読むかに立ち返って絵本を選ぶ習慣が求められるのです。スウェーデンの絵本研究家であるマリア・ニコラエヴァは、絵本の視点を分析することによって、子どもの発想や子どもの気持ちの描写への判断を論理的に明らかにしてきました(『絵本の力学』マリア・ニコラエヴァ&キャロル・スコット、川端有子・南隆太訳、玉川学園出版部、2011)。

しかし、絵本は毎年夥しい点数が出版されている現状があり、必ずしも幼児の自己肯定感を育み、子どもの視点に立った絵本が出版されているわけではありません。出版界の混沌とした状況の中で重版を続け生き残っていくことは、長期間多数の子どもたちの支持がなければ実現不可能であることは何度も述べた通りです。戦後、歴史的に支持されてきた日本の代表的なロングセラー絵本の多くは、1960年代~70年代のものが多く、先程取り上げた「こどものとも」の4冊は、児童文学者三宅興子の調査でも、子どもからの支持が高いと判断されています。三宅は、1970年度以降、5年ごとの自身の文庫における貸し出し調査により、「こどものとも」の『ぐりとぐら』『しょうぼうじどうしゃじぷた』『だるまちゃんとてんぐちゃん』『ぐるんぱのようちえん』の貸し出し率の高さを証明しています(三宅興子『日本における子ども絵本成立史――こどものともがはたした役割』ミネル

表４−１　ロングセラー４冊の比較表

	『ぐりとぐら』1963	『ぐるんぱのようちえん』1965	『だるまちゃんとてんぐちゃん』1967	『しょうぼうじどうしゃじぷた』1963
主人公	野ネズミのふたご	ぞう	だるまちゃん	しょうぼうじどうしゃ
時系列による行動の展開	運べない大きなたまごの発見→思案→道具の方を搬入→カステラ作り→成功→共食と自動車ごっこ	友人から臭いといじめられる→ビスケット屋→お皿つくり→ピアノ工場→自動車工場→子だくさんの母親との出会い→幼稚園開設	てんぐのうちわへの羨望→ヤツデの葉っぱ→帽子への羨望→おわん→履物への羨望→まな板→鼻工夫して，類似した玩具を創作する	周りのポンプ車やはしご車と比べ，自分の力のなさに劣等感→ジープとしての自分の特長をいかした活動の場→実証
困難	身体より大きなたまごや道具への挑戦	求められているものより大きなものを作ってしまう	てんぐちゃんの持ち物への憧れ	体が小さく，人の役に立てない
解決すべき問題	大きなたまごを運ぶ・大きなカステラを作る	ビスケット屋，お皿屋，ピアノ工場，自動車工場での適正な労働。	類似した玩具作り	山火事の現場での消火活動
結末	大勢の仲間と一緒にカステラを食べる。卵のからで自動車を作って遊ぶ	幼稚園を開設。みんなで遊び，ビスケットも一緒に食べ，失敗が成功に逆転する。	だるまちゃんが工夫して作った鼻にすずめがとまり，てんぐちゃんと立場が逆転する。	大きな車が活動できない狭い場所で小さな体を生かせる。新聞に取り上げられ，一躍ヒーローになる。

ヴァ書房、１９９７）。

（３）ロングセラー絵本４冊の共通点

ここでは、主に絵本の物語から、先程の４冊のロングセラー絵本の共通点を探りたいと思います。その結果を表４−１に示しましたが、共通する特色の第一点目は主人公の設定です。主人公は全員子どもであり、何らかの困難な状況を抱えています。『ぐりとぐら』はふたごののねずみで、身体が小さいため、大きなたまごを自由自在に扱うことができません。大きな道具を使って七転八倒する姿は、体の小さな幼児と重なり合います。『ぐるんぱのようちえん』のぐるんぱは、大きい身体に恵まれている象にもかかわらず、仲間にいじめられる弱者です。就いた仕事先では大き過ぎる物しか制作できず、5回の解雇を経験し自信喪失状態に陥ってしまいます。『だるまちゃんとてんぐちゃん』では、だるまちゃんは、自分が持たない道具を所有するてんぐちゃんに羨望を感じていますし、『しょうぼうじどうしゃじぷた』のじぷたは、小さな車体に悩んでいます。最新式のポンプ車やはしご車と比べ、活躍の場がなく自分の存在意義を確かめることができないからです。

この4冊に共通する第一の特徴は、主人公の悩みはどれも子どもが日常的に抱いている問題であり、自己肯定感が高いとはいえないことです。子どもが自分と重ね合わせ、共感しやすい設定となっています。

第二の特色は、解決すべき課題（クエスト）が提示されることです。『ぐりとぐら』では、大きなたまごへの挑戦であり、『ぐるんぱのようちえん』では、5種類の工場現場での懸命な働きであり、『だるまちゃんとてんぐちゃん』では、友達の玩具を模倣するための創作活動であり、『しょうぼうじどうしゃじぷた』では、山火事における消火活動です。このクエストに挑戦する過程で、主人公は自信を深めていくのです。

第三の共通点は、この主人公たちが次々と困難を克服し、成功する過程が描かれていることです。ぐりとぐらは、試行錯誤の末、大きなお鍋やフライパンを大きな卵の場所に運び、かまどを作ってカステラを焼きあげ、大勢の仲間と食べることができます。ぐるんぱが製作した大きな道具は、結果的には無駄にならず、幼稚園を開設し子どもたちと幸せに暮らせる有意義なモノへと変換していきます。だるまちゃんは、自らのアイディアによって道具を工夫し、一見不可能とも思える困難な状況を見事に解消していきます。消防車じぷたは、出番のなかった時期を脱して、ジープであるために小回りが利く車体を生かし、狭い山道での消火活動に一役買うことができ有名になるのです。どの主人公も決してあきらめず、最後には、最初に示された逆境を見事に克服する姿を読者に見せてくれます。

(4) 前向きな人生を歩む先輩たち

『ぐりとぐら』をはじめとするこの４冊に共通する主人公像は、子どもが共感できる要素を備えています。子どもの視点で見て、理解できる問題を抱えているものの、困難にぶつかっても、マイナスに考えず、常に前向きに行動していきます。ひるまず、あきらめず、楽観的に挑戦していくのです。そのひたむきさに誇張はなく、淡々と思考錯誤を重ねる主人公に、子どもたちのエネルギーを重ね合わせることができるのではないでしょうか。こうした主人公の物事に対峙する勇敢な姿には、子どもの発達にとって欠かせない達成感の実現へのイメージが内在しているといえます。自己肯定感を育成する要素は、前向き思考、達成感、子どもの成長欲です。子どもは、絵本の読み聞かせを受けながら、主人公に自分を重ね合わせ、少しだけ高いハードルを超えていく姿勢をイメージとして蓄積し、学んでいきます。読み聞かせのたびに、大人の愛情を伴いながら、自信を取得し自己肯定感を蓄えていくのです。

心理学者のブルーノ・ベッテルハイムは、子どもの心に、自己肯定感すなわち自分がこの世で意義のある貢献できる存在だと確信づけるものが二つあると述べています。その一つは両親と教師、もう一つが文学だと説いているのです（ブルーノ・ベッテルハイム『昔話の魔力』評論社、1978）。長年大勢の子どもに支持されてきたロングセラー絵本は、子どもの心の成長に大きく影響を与えている文学であるといえます。おとなは、読み聞かせを積極的に行い、絵本の主人公の生きる姿勢を通して、自己肯定感を育成する環境を与えていく努力を怠ってはならないのではないでしょうか。

(5) イメージの蓄積

子どもが自分自身に価値を見いだし、自己実現をしていくためにはイメージ作りが必要です。実際に体験をするしないにかかわらず、人間はイメージを使って考えることによって世界について理解してきました。多くの昔話が古来より語り継がれてきたことからもこのことは証明できるでしょう。イメージつまり想像力は、実体験が伴わなくても、おはなしなどで培われたイメージによって、出来事に対してどうように予想していくかという基礎的な力を人間に形成していきます。デボラ・プラマーは、イメージを「世界について理解することのできるもっとも初期の手段」と表現しました（デボラ・プラマー、小杉恵・上利令子訳『自己肯定・自尊の感情をはぐくむ援助技法——よりよい自分に出会うために』生活書院、2009、30頁）。

人間は、世界のすべての事象を体験することは不可能です。おはなしやニュースによるイメージが、経験や認識として自分の中に貯蔵され、メモリー・バンクを作り上げていくと考えられています。そこで得たイメージは、自分なりの価値観を形成し、自己への自信や窮地を打破する人間力を培うことができるのです。

特に経験の浅い幼児期の子どもに対しては、豊富なイメージを提供することが重要で、そのもっとも手軽で子どもに適した手段が、子どもの文学である絵本の提供なのです。児童文学者の瀬田貞二は、『絵本論』で次のように述べています。

物語に現われる登場人物のさまざまな行動が描いてみせる、人生の最初の重大な問題！言葉と絵の表現してくれるイメージの確かさ、美しさ。事件の進展の意外な局面にさそわれるこころよいスリルと興奮、またふしぎの感情。ナンセンスとユーモアのセンス。物語を動かす大きな理念への同化。生き生きと想像力をよびおこすドラマ。こうして列挙したポイントは、みな、小さな子どもが物語をきく楽しみのなかに深くひそんでいて、単なる知育以上の、人間性全体におよぶ創造的な事柄なのです。

（瀬田貞二『絵本論――瀬田貞二子どもの本評論集』福音館書店、１９８５、74―75頁）

絵本の読み聞かせの過程で、子どもは主人公に同化し、ストーリーに自分の行動を重ね合わせていきます。バーサニア・サティア（V. Satir）は、次のように述べています。

生まれ落ちたばかりの乳児は過去を持っておらず、自らを守る経験や、自分自身の価値を判断する尺度を持っていない。幼児は、まわりの人と共有している経験や、まわりのひとりの人間としての価値について自分に与えるメッセージに頼らざるを得ない。

(Satir, V., *Peoplemaking*, London, Souvenir Press, 1991, p.24)

「自分自身の価値を判断する尺度」として、絵本が提供するイメージの積み重ねが一つの手がかりとなります。子どもは絵本から新しく役立つイメージを取り込み、たえず積極的な未来を想像する可能性を秘めています。特に幼児期において絵本からのイメージの取り込みに有効な手段は、おとなからの読み聞かせの体験を通して行われます。

【付記】 第4章3節は、浅木尚実「自己肯定感を育む教育：ロングセラー絵本と読み聞かせ～「こどものとも」4作品を通して」(日本子ども学会「チャイルドサイエンス　vol.8」2012年3月、21―38)を元に加筆修正しました。

４　世渡りとユーモアのセンス

（１）教訓よりおもしろさ

絵本にはユーモアのセンスがあふれていることを忘れてはなりません。子どもたちが絵本を好きになる大きな理由のひとつは、面白いからです。いわゆる教育的に有益であろうしつけが全面に押し出された絵本を子どもが繰り返し「読んで」とは、言ってきません。絵本は教訓を伝えるものではないからです。

『ものぐさトミー』（ウィリアム・ペーン・デュボア文・絵、松岡享子訳『ものぐさトミー』岩波書店、1977）は、機械仕掛けの家に住むトミーが着替えも食事も入浴もすべて全自動の機械に任せて生活する姿が印象的な物語です。最後に停電になりトミーに大変な事態が待ち受けているのですが、おはなしを進める過程で大笑いをしながら聞いている子どもも、最後の教訓のページにはあまり興味を示しません。

1902年に刊行された『ピーターラビットのおはなし』（ビアトリクス・ポター作・絵、いしいももこ訳、福音館書店　新装版改、2019）は、どの絵本より長い間読み継がれていますが、当時の教訓的な本はほとんど現代まで引き継がれていないのです。では、『ピーターラビットのおはなし』はなぜ読み継がれているのでしょう。主人公のピーターは、いたずらっ子で、お父さんが肉のパイ

▶『ものぐさトミー』

▶『ピーターラビットのおはなし』

にされてしまったマグレガーさんの畑で散々な目に合います。よもやピーターまで捕まりそうな話の展開はハラハラドキドキの連続で、最後まで読者はピーターの身を案じます。ほうほうの体で逃げ帰ったピーターにお母さんは、きついお仕置きはせず、黙ってカモンミールのお茶だけを飲ませて寝かせます。本人が十分に悟っていることがお母さんにも読者にも伝わっているからです。

(2) 嫉妬心

絵本には子どもの気持ちに共感しつつ、ユーモアで解決していくお話がたくさんあります。『ごきげんなすてご』（いとうひろし作、徳間書店、1995）は、産まれたばかりの弟ばかりかわいがる親に反抗して家出をする女の子が登場します。段ボールに「KAWAII SUTEGO」と書いて道のわ

▶『ごきげんなすてご』

きに座っていると、次々にいぬや猫が捨て子となり、加わっていきます。お金持ちに拾われる夢を見ながら待ち続ける女の子の前に現れる最後の展開は、ホロッとさせるラストになっています。女の子の行動力には脱帽ですが、兄弟が誕生するときに誰でも経験する虚しさを、ユーモアあふれるおはなしに仕立て上げた絵本が存在するのは大変うれしいことです。両親がこうした絵本を読んであげることで、悩んでいる子どもの気持ちに寄り添うことができるのです。

5　おもいやりは人生の潤い

(1)『わたしとあそんで』

子どもの悩みについて児童文学者石井桃子は「五歳の人間には五歳なりの、十歳の人間には十歳なりの重大問題があります。それをとらえて、人生のドラマをくみたてること、それが、児童文学の問題です。」（石井桃子『石井桃子集７』岩波書店、１９９９、71頁）と述べています。

アメリカの絵本作家マリー・ホール・エッツは、こうした子どもの心に深く寄り添った絵本を数

▶『わたしとあそんで』

多く世に送り出しています。ソーシャルワーカーでもあったエッツは、『わたしとあそんで』（マリー・ホール・エッツ文・絵、よだじゅんいち訳『わたしとあそんで』福音館書店、1968）の主人公が、誰も自分と遊んでくれないひとりぼっちの淋しさを描いています。笑顔で野原に遊びに来たわたしが、「ばったさん、あそびましょ」とつかまえようとすると、ぴょんぴょんはねてどこかに行ってしまい、かえる、かめ、りす、かけす、うさぎ、蛇…と次々に逃げられてしまいます。積極的に声掛けしたにもかかわらず、誰も遊んでくれない孤独を子どもは知っています。ベージュと茶、黄色のモノトーンの色彩がわたしの心情を見事に表しています。そのうち、わたしが池のそばで音を立てずにじっとしていると、動物たちが次々に戻ってきて、わたしのそばに集います。クライマックスは、何といってもシカのあかちゃんが、わたしのほっぺたをなめるところでしょう。わたしが石の上でじっと座って動かない静寂の中で、動物たちがわたしの淋しさに気づいたのか戻ってくる場面は、絵本では珍しい一人称の「わたし」に読者である子どもが、自分を重ね合わせやすい視点の設定といえます。

　かくれんぼのように、オニになったときの孤独を体験した子どもは、「わたし」に寄り添うやさしい気持ちが育つのではないでしょうか。

(2)『くまのコールテンくん』

遊びの中で成長していく子どもにとって、遊んでくれる友だちの存在はとても大きな力を与えてくれます。デパートのおもちゃ売り場で誰かが買ってくれるのをまっているコールテンくん（ドン・フリーマン作、まつおかきょうこ訳『くまのコールテンくん』偕成社、１９７５）は、緑色のズボンのボタンが片方取れているために、誰にも見向きもされません。ある日、一人の女の子リサがコールテンくんを指さし、「ずっとまえからこんなくまがほしかったの」とお母さんに告げるのですが、ボタンが取れているから新品じゃないのではと買ってもらえません。

その晩、コールテンくんは暗い中、寝具売り場へ失くしたボタンを探しに向かいますが…

最後には、リサのアパートに住むことになるコールテンくんは「ぼく、ずっとまえからともだちがほしいなあって、おもってたんだ」とリサとの友情を確かめ合うのです。

ボタンが有ろうとなかろうと、お小遣いでコールテンくんを家に連れ帰り、ボタンをつけてあげるリサは、懐の深さと

▶『くまのコールテンくん』

友情のあたたかさで、読者である子どもをも包み込み、安心感を与えています

(3)『こんとあき』

こんは、あきのきつねのぬいぐるみです（林明子作『こんとあき』福音館書店、1989）。あきが生まれる前から、ゆりかごのそばでずっとあきの誕生を待っていたお兄さんです。あきが少し大きくなったころ、こんの腕にほころびができ、鳥取のおばあちゃんに直してもらいに特急に乗り込みます。お弁当を買いに駅に降りたこんが、なかなか戻って来ず心配で泣き出したり、鳥取砂丘でこんが犬にさらわれたり…こんにリードされていたあきが、いつしか逆転してこんを守る立場になっていきます。お互いを思いやりながらの道中に思わず手に汗握る場面もあり、最後におばあちゃんの家にたどりついておばあちゃんにふたりが抱きしめられるところでは、ほっと安堵の胸をなでおろす読者も多いのではないでしょうか。

▶『こんとあき』

　コールテンくん同様、ぬいぐるみのくまやきつねが、子どものイマージナリーフレンドになって、固い絆で結ばれていく物語絵本は他にもありますが、この時期、イメージの中で友情を育んでいく

▶『ゆうかんなアイリーン』

ことは、実生活での友情に発展していくために大変重要で絵本がその役割を果たしているといえます。

（4）『ゆうかんなアイリーン』

『ゆうかんなアイリーン』（ウィリアム・スタイグ作、おがわえつこ訳『ゆうかんなアイリーン』らんか社、２０２１）のアイリーンは、『こんとあき』のあきより少し成長した女の子です。（仕立て屋の母親が高熱を出したために、代わりに雪の中、ドレスを届けに行くというストーリーです。途中、吹雪にあい、困難を極めながらお客さまに無事に届ける根性は、勇気にあふれており、おかあさんのためにも頑張る娘のたくましい愛情に満ち満ちています。子どもはどんなに小さくても両親のために役に立ちたいと思っています。その思いをきちんと受け止めて感謝のことばを忘れないためにも絵本を親子で共有する日常はとても意味があることと思えます。

（5）『シルベスターとまほうのこいし』

この絵本は、ロバの家族の物語です（ウィリアム・スタイグ、せたていじ訳『シルベスターとまほうの

▶『シルベスターとまほうのこいし』

こいし』評論社、１９７５）。両親からあたたかい愛情を注がれ大事に育てられている一人息子のシルベスターは、ある日、いちご山でまほうの小石を見つけます。小石集めが大好きなシルベスターは、大喜びしたのも束の間、突然現れたライオンから身を隠すために、自分が岩になるように魔法をかけてしまいます。岩になったシルベスターは、魔法の小石を拾うことが出来ません。家では夜になっても帰って来ない息子を心配して、両親のダンカンさん夫婦はあちこち探し回ります。しかし、誰に聞いても所在がわからず、悲嘆にくれる両親の姿が胸を打ちます。読者の子どもは、自分がいなくなったら、こんなに両親が心配するのかと想像することができるでしょう。そして、こんなに自分を大事に思ってくれていることもわかるでしょう。秋が来て、冬が過ぎ、春になって、両親は悲しみを抱えたまま、いちご山に出かけます。そして、偶然にも岩になったシルベスターに腰かけ、魔法の小石を見つけ、「ああ、ここにシルベスターがいたらなあ」と呟くのです。魔法が溶けた瞬間の表現は次のような瀬田貞二の名訳が光ります。「それからあとは、ごそうぞうにまかせます。――だきあうやら、キスをするやら、わけをきくやら　こたえるやら、うっとりみつめるやら、われをわすれておどるやら――」

自分の家庭がかけがえのない居場所であることを子どもなりに認識することになるでしょう。

(6)『きょうはなんのひ？』

この絵本は、先程シルベスター絵本の翻訳をした児童文学研究者瀬田貞二家の実話に、林明子が絵を付けた物語です（瀬田貞二作、林明子絵『きょうはなんのひ?』福音館書店、１９７９）。娘のまみこが両親の結婚記念日のために書いた手紙は、次々といろいろな場所に隠されています。まみこの工夫を凝らした遊び方は、幼稚園や保育園でも遊べるアイディアです。両親からもサプライズがあり、前作同様家族の温かみが伝わる絵本といえます。

▶『きょうはなんのひ？』

実は、以前にロングセラー絵本についてのアンケート調査をおこなったとき、この絵本を読んだことがあるという回答数は、30％以下と大変低いものでした。このことを知ったある学生が大変残念がって、次のようなエピソードを話してくれたことがあります。

「私の子どもの頃、クリスマスにはサンタさんが来てくれました。ヨンタさんは、毎年、『きょうはなんのひ』のように、家のいろいろな場所に手紙を隠してくれました。クリスマスの朝、私は次々と隠された手紙を発見しては大喜びし、最後のプレゼントに辿り着くのを何よりの楽しみにしていました。今でもヨンタさんこと父との大切な思い出となっています。」

各家庭の数だけ、このような心あたたまるエピソードが生まれたら、なんと素敵なことでしょう。

以上のように、6冊の思いやりに関する絵本をご紹介しました。一方で、この時期、世の中の暗い側面――たとえば、戦争や死、災害などのテーマは、乳幼児には時期尚早と考えています。おとなでも解決できないような人生の負の出来事については小学校に入って高学年になれば、考えられるようになります。乳幼児期の子どもには、世の中は明るく、前向きに歩んでいけると思えるように、周りが支えているという安心感を与えることが大切です。そして思いやりや自己肯定感の育成を最優先に考えるべきではないでしょうか。

理論編のまとめ（第１章～４章）

- 絵本を親子で繰り返し共有することで、愛着形成につながっていきます」。
- 絵本を通して気持ちを伝えあえた喜びは、子どもに大きな安心感として心に残ります。
- 絵本を読んでもらうことは、聞く力を育みます。
- 子どもは絵本の絵を読むことで、イメージを蓄えていきます。
- 繰り返し読んでもらった絵本は、ことばや文章が子どもの語彙や表現力となります。
- 絵本の登場人物たちは、子どもに生きるお手本として自己肯定感を育てることがあります。
- 絵本を読んでもらうことで、ひとを思いやる気持ちや相手を理解する気持が育ちます。

実践編——エピソードでわかる絵本力

第5章　絵本のことばが合言葉

1　合言葉がこころをひとつに

(1)『せんたくかあちゃん』

子どもは、集団で遊ぶ中で、知らず知らずのうちに仲間同士で切磋琢磨しながら成長していきます。ここからは、実践編となりますが、集団ならではの絵本の愉しみ方があります。

子どもの絵本の読み方とおとなの読み方との決定的な違いは、子どもが絵本の中に入り込んで登場人物と物語の進行をともに体験したり、ともに感じたりしている点です。そのため、現実と空想の世界が混在となって絵本の登場人物と、仲間のように交流しようと子どもが行動を起こすことがよくあります。何にでも命があると信じるアニミズム的思考が中心となる乳幼児期では、不思議な光景が毎日のように繰り広げられます。人生でこの時期だけに起こる不思議な子どもと絵本の世界は、子どもの感性や想像力の源となります。

このような絵本と子どもとの関わりが、どのような遊びを産みだすのでしょう。そこで、数名の園長先生にご協力をいただき、普段から絵本に親しんでいる都内の幼稚園、保育園の担任の先生方に、自分クラスの中で起こった絵本にまつわる子どもたちの様子の記録をとっていただくことになりました。一年間のそれぞれの実践エピソードを写真とともに文字に起こしていただいたのです。この章では、絵本を介した貴重な実践記録をご紹介し、子どもたちの生き生きした姿から絵本の持つ力を実感していきたいと思います。実践編でご紹介するエピソードからは、子どもたちの声が聞こえてきそうな光景が見えてきます。

最初のエピソードは、都内のY幼稚園（伊藤裕子園長）の高木徹也先生の4歳児クラスでの出来事です。


合言葉は「まかしとき！」（4歳児1学期）

Y幼稚園　高木徹也

梅雨の長雨が続いていた6月。

久しぶりに晴れ間が覗いた日に、「せんたくかあちゃん」の絵本を子どもたちに読み聞かせをした。

絵本の中に出てくる青空と現実の青空が重なったようで、読み終わった後に「今日は天気がいいし、せんたくできそうだね〜！」などと会話が盛り上がった。他の絵本以上にこどもたちの印象に残ったようで、その証拠にまた別の日にも「またあのお話読んでよ〜！」とこどもたちからせがまれるほどだった。

そんな中、保育中に子どもたちと掃除をしていた時のこと。

保育者「じゃあ、そろそろみんなでお掃除始めようか〜！」

A「そうだね！」

B「お掃除なら、〝まかしとき！〟」
C「あ！　それ、せんたくかあちゃんでしょ！」
B「そーそー！」
そんなやりとりから、掃除以外の場面でも子どもたちとの生活の中で「まかしとき！」が合言葉のようになっていった。
その合言葉があることで、心なしか子どもたちの気持ちも、生活に向けて前向きになった様にも感じた。
面白い物語、引き込まれる絵、それに加えて子どもの中にスッと入ってくる〝言葉〟の部分も絵本の大きな魅力なのだと再確認した出来事だった。

『せんたくかあちゃん』（さとうわきこ作・絵『せんたくかあちゃん』福音館書店、１９８２）は、「こどものとも傑作選」に入っているロングセラー絵本です。何でもかんでも洗濯してしまうかあちゃんの口癖は「まかしとき」です。そんなかあちゃんは空から落ちてきた雷の子どもまで洗濯してしまうのですが…。子どもが、「まかしとき」と口にする時、生活の中で自分の役割を知り、責任感をもってみんなの前で「自分がやる」と宣言する態度が生れます。高木先生も「まかしとき」が合言葉になり子どもの間に広がるうちに、子どもが前向きになっていく変化を感じとっています。今まで「まかしとき」ということばを使わなかった子どもも、合言葉につられて思わず仕事に精を出

▶『せんたくかあちゃん』

すといった環境になります。梅雨空のどんよりした季節の中、『せんたくかあちゃん』が起爆剤となり合言葉が生れ、子どもたちが活発に動き出したのです。子どもたちの成長を温かく見守る高木先生の絵本のチョイスは最高だったのではないでしょうか。

(2)『うごきません』

保育者にとって、「早くしなさい」「静かにしなさい」という指示語はなるべく使いたくないものです。子どもは耳にタコができるほど聞いていることばへの反応は薄いものです。次の春日未来先生の4歳児のエピソードは、絵本『うごきません。』（大塚健太作、柴田ケイコ絵『うごきません。』パイ インターナショナル、2020）に出てくることばを巧みに利用しています。子どもたちの行動を遊びながら主体的に変化させている優れた指導の仕方です。

『うごきません。』（年中児　11月）　A幼稚園　春日未来

「話を聞くときは話している人の方を見るのよ。キョロキョロしないよ」「良い姿勢で聞きましょうね」「発表するときは、きちんと立ってね」などと子どもたちに言っていたのだが、もっと上手く伝えられないだろうか、と考えていた時、この絵本を見つけさっそく読んでみた。すると、「キョロキョロしない」とか「きちんと立つ」という事に対してのイメージが鮮明になったようだった。

それからは、「ハシビロコウみたいに気を付けだ！」と絵本に登場した鳥の真似をして、姿勢を意識したり、友だち同士で「うごきません！」と声を掛け合う様子が見られた。

また、ある日の午後、みんなで氷おにをして遊んでいた。すると、タッチされた男の子が氷

のポーズではなく「うごきません！」と言ってハシビロコウの真似をした。それに気づいた他の男の子が「ハシビロコウだ！氷おにじゃなくてハシビロコウゲームだね」と言って、それからはタッチされたら「うごきません！」と言いながらハシビロコウポーズをとる、という遊びに変わった。

それ以降、このハシビロコウゲームはお気に入りの遊びになった。

「フラフラ」や「しっかり」など、子どもにとっては、わかりにくい表現だったのかもしれない。

絵本を見ることで、イメージがわき、実際に遊んでいくことで身体に落とし込んでいくことを子どもの姿から学ぶことができた。

▶『うごきません。』

「きちんと立ちなさい」「キョロキョロしない」では、上から目線の指導力の強いことばかけですが、絵本の「ハシビロコウのように立つ」姿が子どもたちの中に鮮明にイメージ化された瞬間があったのだと思います。それが仲間同士で「うごきません」という合言葉になり、お互いの共通イメージがピシっと立つイメージとなって集中して物事に取り組む姿勢が自然にとれるようになったのではないでしょうか。保育士のことばかけ次第で、届くことばなのか、押し付けのことばなのか、子どもには見抜く力があります。担任がやってみせなくても、ハシビロコウ先生の力がクラス全体に浸透したのです。

(3)「もれたろう」はいないかな

乳幼児期は、自分でおしっこや排便ができるようになる自立の時期です。子どもたちは自分でトイレに行き、用が足せるようになることで「おおきくなった」と感じ、達成感の喜びを表します。乳幼児期では基本的生活習慣と呼ばれる5項目の自立の実現を目指さなければなりません。基本的生活習慣とは、食事、睡眠、排泄、着脱、衛生です。すべて「自分で」、小学校入学前までにできるようにならなければならないので大変です。食事をおはしやフォークでバランスよく食べられるように、眠りにつけるように、トイレで用を足せるように、洋服を脱ぎ着できるように、歯磨きや入浴で衛生観念を身に付け、感染症から身を守ることが、自分の力でできることが求められるのです。そのため、保育士はさまざまな手段で子どもたちに楽しみながら基本的生活習慣を身に付ける工夫をする必要があります。

▶『しろくまのパンツ』

その中でも個人差が大きく困難を極めるのは排泄の習慣です。さまざまなトイレトレーニングを扱った絵本は多数出版されています。次にご紹介する基本的生活習慣のエピソードは、Ａ幼稚園の田中仁美先生・石井美紗先生と當麻祐子園長の実践記録です。両方とも２歳児のクラスですが、一番トイレットトレーニングが活発に行われる年齢で、紙おむつがとれ、トレーニングパンツが履けるかどうかが子どもたちの関心事になります。最初は『しろくまのパンツ』(tupera tupera 作・絵『しろくまのパンツ』ブロンズ新社、２０１２）の実践記録では、田中先生のトレーニングパンツへのあこがれを刺激したいという意図の通り、どの子もトイレが好きになっています。

二歳児（プレスクール）（２歳児　９月）

Ａ幼稚園　田中仁美

〈きっかけ〉

少しずつトイレトレーニングが進んできた９月。クラスの半分くらいがパンツで登園できるようになりました。園でもトイレトレーニングをしていく中で、トイレで成功する回数が増えてきたけれど、まだオムツで登園してくる子、あまり家でも園でもトイレトレーニングが進まず「オムツだから大丈夫」と言う子もいました。オムツが悪いわけではないけれど、少しでも〝パンツを履きたい〟と思ったり、〝トイレに行ってみよう〟と思ってくれればと思い、この絵本を読むことにしました。

〈エピソード〉

初めて読んだ日

保育者「このお花の小さいパンツは誰のかな？」

子どもたち「ちょうちょさんの！」

保育者「あれ？　このパンツは？」

子どもたち「しまうまさん！」

保育者「あたりー！」

A「あのね、わたしのパンツはキティちゃんだよ」

B「Bくんのパンツは電車！　ママが買ってくれたの」

保育者「わぁ、みんなステキなパンツなのね」

C「わたしのパンツはね!!…あ、…おむつだった…」

保育者「そうかぁ、Cちゃんもトイレで出来るようになったらお姉さんパンツを履こうね」

それからは『しろくまのパンツ』はみんなのお気に入りの1冊になりました。

子どもたち「今日もしろくまくんのパンツ読んで！」

読んだ後には、必ず自分のパンツ紹介が始まるようになっていました。

C「お姉ちゃんはプリンセスのパンツ持ってるよ」

保育者「そうなの、ステキね。きっとCちゃんもプリンセスのパンツが似合うね。今度、

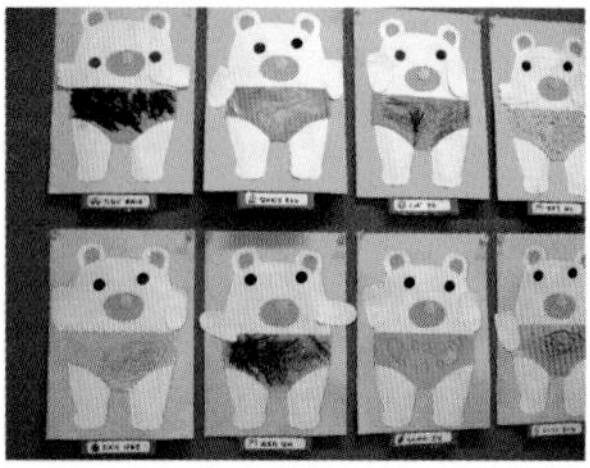

Cちゃんのお気に入りのパンツを持ってきて」

C「うん！Cちゃんのパンツもってくる！」

こうして少しずつCちゃんのトイレトレーニングは進んでいきました。

生活習慣を身に付けていく中で絵本の持つ力を改めて感じました。これからもいろいろな絵本を取り入れ、保育の充実に活かしていきたいと思います。

次の実践記録は、石井美紗先生と當麻祐子先生の預かり保育の外あそびの前の点呼時の3～6歳を対象とした実践記録です。『おしっこちょっぴりもれたろう』（ヨシタケシンスケ作・絵『おしっこちょっぴりもれたろう』ＰＨＰ研究所、２０１８）は、老若男女を問わず大人気の絵本です。この実践のように、幅広い年齢を対象した絵本選びとして成功しているといえるでしょう。同じ絵本を共有することによって、「みんなの中にも、もれたろうくん、もれたろうちゃんはいないかな?」というトイレ行きを促すことばかけは、単に「トイレに行きなさい」ということばかけより、子どもの気持ちに訴えかけているようです。

「もれたろう」が子どもたちの間でトイレ行きのキー

▶『おしっこちょっぴりもれたろう』

ワードになっていく過程も、絵本を集団で共有することで、生じていく大変おもしろい現象ではないでしょうか。

『おしっこちょっぴりもれたろう』（3〜6歳　5月）

A幼稚園　石井美紗

その時の状況↓預かり保育の外あそびの前の点呼時
時期↓2021年5月
年齢↓3〜6歳

預かり保育内で、トイレを我慢してお外遊びに行き、ギリギリまで我慢して間に合わない子が少し増えてきたため、この絵本を選んで読み聞かせをした。
読んでいる時はクスッとしながらも、黙って聞いていたが、もれたろうが「なかま」を探していく途中のいろいろな「困った」の場面で、「みんなもある？」などと問いかけると「ある！ある！」とたくさんの反応が返ってきた。

〈読んだ後〉
保育者「みんなの中にも、もれたろうくん、もれたろうちゃんはいないかな？」

子ども「えへへ。だいじょうぶだよ」
保育者「遊びたい気持ちもわかるけど、お外に行く前におトイレに行けば、もれちゃう心配がないでしょ？　お片付けの時間までお外で元気よく楽しく遊びたいでしょ？」
子ども「あそびたい！　トイレ行ってからお外行く！」

〈数日後には〉
子ども「せんせい！　自分でトイレ行ったよ！　もれたろうにならないよ！」
と報告し、外遊びに行く前に自分でトイレに行ける子が増えた。
また、トイレに行かないで遊びに行こうとする子がいると、
子ども「今行かないともれたろうになるよ！」
と子ども同士で声をかけたり、気を付けるようになった。

2　しりとり大会・創作へ

(1) たべもの屋さん　しりとり大会　かいさいします

年長になると、語彙も増えことば遊びが活発に楽しめるようになります。次のエピソードは、A

幼稚園の青木菜津美先生の5歳児のお帰りの会で絵本の読み聞かせ後の子どもたちの会話です（シゲタサヤカ『たべものやさんしりとりたいかいかいさいします』白泉社、２０１９）。

『たべものやさん　しりとり大会　かいさいします』（5歳児　10月）　青木菜津美

状況：帰りの会での読み聞かせ後
時期：10月
年齢：5歳児

読み終わり、思い思いに感想を言い合う子供たち。

「ぎょうざ君がいてよかった」
「ぎょうざ君が一人になったのに最後優勝してよかった」
「〝ん〟がついてみんな退場しちゃうところ面白かったね」
「あやめ組のみんなで食べ物しりとりしたい

▶『たべものやさんしりとりたいかいかいさいします』

な」

ひとりの子が、みんなでやりたいと提案する。

「いいね！」

「やろうやろう！」

「あいうえおのあからね。アイス」

「すいか」「カキ」「きのこ」「コーンスープ」「プリン」

「あ、〝ん〟がついちゃった」

「ぷって他にあるかなぁ」

「……」

「じゃあさ、〝こ〟に戻って、コーンスープじゃないやつにしようよ！」

「いいね。じゃあ、コロッケ」

「ケーキ」「きなこ」……

しばらくの間、クラスでブームになった。

そんなある日「しりとり迷路をつくったら楽しそう！」との提案から、今年の展覧会では、クラスの共同制作としてしりとり迷路をつくることになった。テーマを食べ物に絞り、しりと

りをしながら、ゴールを目指すというものだ。

「じゃあさ、〝ん〟がつくひっかけも作ろうよ！」

「そうしよう！　プリンも使えるね!!」

と、しりとりの特徴を捉えたアイデアがたくさん出る。

そこで、様々な食品、メニューが登場するように、と、食べ物がたくさん載っている絵本を用意しておいた。

食べ物が思いつかない時に絵本を見て、「あ！シチューがあるか！」と自分たちで探したり、友達と協力したりしながら、文字だけでなく立体作品にして並べたしりとり迷路を完成させた。

お帰りの会後のしりとり遊びが、どんどん広がってクラスの共同作業のしりとり迷路作りにも発展していく様子が圧巻です。青木先生がそっと食べ物のたくさん載っている絵本を準備しているところも、子どもたちを知り尽くしている担任ならではの心にくい演出ではないでしょうか。1冊のしりとり絵本が、5歳児らしい食べ物のことば遊びへと知識をふくらませていく作業は、年長ならではの集団遊びといえます。

(2) ちいさなたまねぎさん

次のエピソードは、せなけいこの『ちいさなたまねぎさん』(せなけいこ作・絵『ちいさなたまねぎさん』金の星社、１９７７）を３歳児のクラスで共有した後、久保田麻美先生が即興でおはなしを創作して語ると、子どもたちが口々に続きのストーリを考えている様子が描かれています。文中に出てくる「おてて絵本」とは、ＮＨＫの番組からのヒントです。お手手絵本（※Ｅテレ　みぃつけた　より）

『ちいさなたまねぎさん』（３歳児　５月）

Ａ幼稚園　久保田麻美

▶『ちいさなたまねぎさん』

５月　自由活動の時間

日頃から絵本の好きな子が多いあさがお組。

教室にある本棚から選び「先生読んで」と持ってくるといつも５〜６人集まり、ゆったりと読み聞かせを楽しむ姿がある。

ある日、『ちいさなたまねぎさん』の絵本を読み終わり保育者が「このあと、ねずみさん、どうなるんだろうね？」と言うと、「もう悪いことしなくなったよ」「野菜たちと仲良くなった」「遠くに逃げた」とそれぞれが話していたので絵本の続きがあるように素話をすると大盛り上がりで、Mちゃんが「お手手絵本（※Eテレ　みぃつけた　より）だね」と言う。

数日後、Mちゃんは「先生、またお手手絵本やろう」と言う。

そこから、交互にストーリーを作っていくことにする。

保育者「あるところに、かたつむりさんがいました」

Mちゃん「かたつむりさんは、滑り台をして遊びました」

保育者「そのあとにブランコをしました」

Mちゃん「高くこいだらブランコから落ちてけがをしてしまいました」

保育者「いそいで病院にいきました」

Mちゃん「注射をして、薬を塗ったら元気になりました。おしまい」

途中から数人が集まってくる。

「もう一回」と何度もリクエストがあったので簡単な絵にしてストーリーをあらわした。

Mちゃんはうれしそうに手作り絵本を友達に見せ〝先生気分〟で読み聞かせをしていた。

日頃からたくさんの絵本に触れていることでオリジナルのストーリーを考え楽しむ姿がある。

「○○をしました」「△△です」と、絵本にすると自然と丁寧語も身についている様子がみられ、嬉しく思う。

3　絵本が先か，後か？

ピザ屋さんから『もりのぴざやさん』へ

次のエピソードは、ごっこ遊びから絵本への興味へとつながる逆のパターンの報告です。都内Ｍ保育園（中山清子園長）の４歳児クラスのごっこ遊びから、３歳児クラスがお店屋さんごっこを始めたのを知ったＫ君がぱんだ組（３歳児クラス）へ買いに行くことから遊びが始まります。買ってきたカップケーキやキャンディを友達に見せながら、Ｋちゃんは「ピザ屋さんやりたい！」と言いだしました。「まあるいピザとのせる台が欲しい」と保育室の中にある物から、イメージに近い物を探し始めました。ピザをのせる物として、サンタさんからのプレゼントの包装紙を見つけ、ピザ台に見立てていきます。

▶ふなざきやすこ作，ならさかともこ絵『もりのぴざやさん』（偕成社，1994）

『もりのピザやさん』（４歳児）

Ｍ保育園　中山清子

ピザはどうしようかと困っていたので保育者が段ボールの端切れを「これはどう？」と見せ

ると「これでいい」と言って、用務職員に自分で交渉に行って段ボールをもらってきた。保育者が段ボールを切っていると他の子どもたちが集まってきて、話がどんどん進んでいき自分たちで役割を決めて遊びを広げていった。ピザ屋さんごっこは日を追うごとに自分たちが家庭で経験している、実体験が遊びに反映され、より本物のピザ屋に近づいていった。「ピザ屋さんごっこをしたから、これ読んで」と、担任に『もりのぴざやさん』の絵本を読んでとリクエストする子どもたちの姿があった。読み進めていく中で、ピザをつくっていくページを子どもたちはよく聞いていた。

4 自然ってきもちいい

(1)『おおきなかぶ』

『おおきなかぶ』(ロシアの昔話、A・トルストイ再話、内田莉莎子訳、佐藤忠良画『おおきなかぶ』(福音館書店、1966)は、教科書にも掲載されている有名な絵本です。佐藤忠良は彫刻家ですが、戦争中ロシアのシベリアで捕虜として抑留された辛い経験があります。かぶをひっぱる動作が難しく、何度も描き直したというこの力強いロシアの大地のエネルギーは佐藤にしか描けなかった世界です。次のエ

▶『おおきなかぶ』

ピソードは、かぶの絵本を読んだために、チューリップの球根をかぶと間違えた3歳児の姿が描かれています。荒木保奈美先生の「うんとこしょどっこいしょ」の掛け声で、3歳児を巻き込みながら、お話を体現していく様子が微笑ましい光景です。

『おおきなかぶ』（3歳児　秋）

A幼稚園　荒木保奈美

状況：帰りの会前の絵本の時

おおきなかぶの絵本を読んでいると、一人の女の子がお友達の後ろに立ち、うんとこしょ、と抜く真似をし始めた。

「うんとこしょ、どっこいしょ」

「Bちゃんが Aちゃんを引っ張って、Aちゃんがかぶを引っ張って」

「うんとこしょ、どっこいしょ」

「まだまだかぶは抜けません」

「Bちゃんは Cちゃんを呼んできました」

「Cちゃんが Bちゃんを引っ張って、Bちゃんが Aちゃんを引っ張って、Aちゃんがかぶを引っ張って」

「うんとこしょ、どっこいしょ!!」

(中略)

楽しそうにかぶを抜く真似をしている子どもたち。そこからおおきなかぶの絵本や、かぶが大好きになった子どもたちは、もし幼稚園の砂場にかぶが生えたらどうする?という話をしていることも。

ある日、数人の年少児が砂場になにか埋めていると思ったら、なんとちゅうりっぷの球根だった。

保育者「あれ? これ、どうしたの?」

「あっちのところにかぶがあったから、抜いたの。こっちに埋めるの」

「だってかぶって白いでしょ? これも白いからかぶだなって思ったの」

かぶに親しみを持ち始めた子どもたちにとって、幼稚園の花壇で見つけた小さな白いそれは、絵本でみた、まさにかぶだったのだろう。そして、見つけた「かぶもどき」は、子どもたちの気持ちをわくわくさせ、「砂場に埋めて大きなかぶにしてあげよう」と考えたのだろう。

保育者「そうかぁ。でもこれはね、お花の赤ちゃんなの」

「そうなの? じゃあかぶじゃないの?」

Aちゃんたちが見つけたのは「ちゅうりっぷの球根」で、春になると可愛い花を咲かせることをクラスの子どもたちにも話し、再び花壇に植え直すことにした。

「先生、これちゃんとお花が咲くかなぁ」

保育者「じゃあ、ちゅうりっぷの花が咲くまで、みんなでお世話しよう」

「そうしよう！」

「咲いたらどんな色かなぁ」

「どんな色がいい？」

「ピンクかなぁ。でも、僕は黄色も好きだよ」

「黄色もきれいだねー」

そこから毎日、球根への水やりが始まった。芽が出ているか毎日楽しみにして行う姿がある。『おおきなかぶ』の絵本から始まった引っ張り遊びが、実際の植物への興味に向いていく様子を見ることができた。球根を抜いてしまった時はとても焦ったが、子どもたちの興味や関心の方向性は時として斜め上に行くということにも改めて気づかされた一コマだった。


自然は多くのことを子どもに教えてくれます。ちょっとしたことがきっかけとなって、球根からチューリップが咲くという知識を得た子どもは、春になって球根色とりどりの花を咲かせることを心待ちにし、しっかりと植物や自然の神秘に目覚めていくのではないでしょうか。

▶『きんいろあらし』

（2）『きんいろあらしが来るかもね！』

子どもには、外に出て日本の美しい自然に体全体で触れてほしいものです。このエピソードは高木徹也先生の4歳児のクラスでの出来事です。『きんいろあらし――やなぎむらのおはなし』（カズコ・G・ストーン作『きんいろあらし』福音館書店、1998）を読んだ後、園庭での外遊び中に木の葉っぱが揺れることに刺激を受けた子どもの姿を描いています。

「きんいろあらしが来るかもね！」（4歳児　2学期）

Y幼稚園　高木徹也

秋が深まってきた10月。

園庭にも沢山の落ち葉が集まってきたそんな頃、クラスで『きんいろあらし』の絵本を読み聞かせた。

冬の準備をしている小さな虫達の村に、強い風の〝きんいろあらし〟がやってくる、というお話。途中で風に飛ばされて迷子になってしまう虫がいたり、そんな展開で、読み終わった後子どもたちは「楽しかった～」と感じていたようだった。

その数日後に園庭で遊んでいた時のこと。

優しく風が吹いてきて、園庭の木に残っていた葉っぱが揺れ始めた。それを見ていた子が「もしかしたら、〝きんいろあらし〟が来るんじゃない？」と、絵本の内容を思い出したようで、保育者に話しかけてきた。

保育者「そうだねぇ…。もしかしたら強い風が吹いてくるかもね！」

Ａ「そうしたら虫さんたちも飛ばされちゃうかな？」

Ｂ「虫さんたち小さいしね…」

Ｃ「葉っぱがたくさん飛んでいくんだよね～！」

そんなやりとりをして盛り上がっていると、それを聞いていたようになんと強い風が吹いてきた。

その風はとても強く、幼稚園で一番大きい桜の木に残っていた葉っぱがみんなの所に一斉に飛んできた。それがまるで絵本の中にいるようで、風が止むと一瞬呆気にとられた様子の子どもたちだったが、ふと我に帰ると
「本当にきんいろあらしが来たね！」

「すごい風だったね！葉っぱが飛んでたね！」

「絵本とおんなじだったね～！」

と、子どもも保育者も大興奮。

季節や園庭の落ち葉を見ながら読み聞かせを決めた絵本だったが、その物語にあるような出来事を直後に体験できるというのは中々あることではないと思う。

子どもたちと同じ感動を共有できた良い時間となった。

なんて素敵なエピソードでしょう。高木先生の保育者としての幸福感を感じます。「きんいろあらし」の絵本では、昆虫のバッタやかたつむりやありが、きんいろあらしに吹き飛ばされたクモを助けるおはなしです。秋が深まる10月に、落ち葉が吹き荒れる風を体感した子どもたちは、絵本の世界と自然との共演に身を興じて、感性を磨いていくこと間違いないでしょう。

第6章　絵本は遊びの火付け役

1 かっぱのかっぺいとの交流

(1)『すいかのたね』

第6章では、幼稚園や保育園で実際に子どもたちが絵本とどのように触れ合い、遊びに発展していくのかに焦点をあててみたいと思います。

絵本『すいかのたね』のエピソードは、子どもがどのように絵本を受け止め、おはなしを信じているのかを物語ってくれています。

夏の園生活では、植物の生長もたけなわとなり、子どもたちの食べ物も潤沢になります。すいか割りは夏のイベントの代表格ですが、それに合わせて人気絵本ばばばあちゃんシリーズの『すいかのたね』（さとうわきこ作・絵『すいかのたね』福音館書店、1987）を読んだのは、Y幼稚園の高木徹也先生です。

「すいかのたね」（5歳児　2学期）　Y幼稚園　高木徹也

幼稚園では夏の時期に子どもたちとすいか割りをして食べる、そんな日がある。
すいか割りをして、今日が最高のタイミング！とばかりに「すいかのたね」の絵本を読んだ。

登場人物の、ばばばあちゃんが蒔いたすいかの種と喧嘩をし始め、最後は種が怒って庭中をすいかで埋め尽くしてしまうお話。みんなで割ったすいかを分け合い、食べていた時のこと。

A「あっ!!」

B「どーしたの？」

保育者「なにかあった!?」

A「すいかの種、飲んじゃったよー!!」

C「もしかしたらおなかの中から出てきちゃうんじゃないの――――！」

「ばばばあちゃんのお話みたいに!?」「おなかの中でケンカしてるんじゃない!?」「え～…出てきたらどうしよう…」

種を間違えて飲んでしまった話で子どもたちと大盛り上がり。友だちといっしょに笑いあっていたものの、少し心配そうに帰っていったAちゃんだったが、数日経っても変化がなかったので一安心した様子だった。

生活の中の小さな出来事でも、絵本を通した共通のイメージが子どもたちの中にあることで、より楽しく素敵な時間になったように思う。

▶『すいかのたね』

絵本の『すいかのたね』は、ねこやきつねに「つまらんやつ」とか「くだらんやつ」と散々馬鹿にされたすいかの種が、ばばばあちゃんに罵倒されたことに端を発して、怒りのエネルギーを爆発させていく話です。すいかの種が「ああー。もうあったまにきた!!」と怒り心頭に発しピューンと芽を出し、ぐんぐん蔓を伸ばし、馬鹿にした動物の家も、ばばばあちゃんのベッドの周りも、すいかがゴロゴロと増えていきます。ページ全体がすいか埋め尽くされていく光景は圧巻です。こんな風に、子どもたちは、一粒の小さな種が喧嘩をしながらも、どんどん育っていくダイナミックなエネルギーに驚嘆し、半信半疑ながらも信じているのです。ですから、すいかの種を飲んだせいで、こんな風に自分のおなかが蔓やすいかだらけになってしまったらどうしよう…と真剣に悩んでいる

子どもの気持ちが伝わってきます。友達と笑いながらも、既におなかに到着したであろうすいかの種の今後を、口には出さずとも本気で心配しているAちゃんに、数日後、安心するまで寄り添っている高木先生のやさしいまなざしが感じられます。子どもをそっと見守っているあたたかい保育観を感じました。そして、絵本を通して育つ子どものたくましい姿も先生たちの毎日の元気の源なのかもしれません。

(2)『かっぱのかっぺいとおおきなきゅうり』

絵本は時として、遊びのきっかけとなることが多いように思います。子どもは遊びの天才といわれますが、何もないところから遊びを紡ぎ出すことはほとんどなく、環境の中の何気ないきっかけから遊びを見つけていきます。ある時は水たまりだったり、ある時はおもちゃだったりしますが、絵本もきっかけ作りの有力候補です。単に絵本を本棚に置いておくのではなく、保育者がその場その場でその子に適した絵本をさし出すタイミングも大事です。

都内のY幼稚園での谷口里乃先生の４歳児の記録です。５月のキュウリの種まきから収穫まで、子どもたちの持続的な関心を保つために『かっぱのかっぺいとおおきなきゅうり』（田中友佳子作・絵『かっぱのかっぺいとおおきなきゅうり』徳間書店、２００６）の力を借りて、４歳児の想像力を見事に開花させています。

『かっぱのかっぺいとおおきなきゅうり』(4歳児 1学期) Y幼稚園 谷口里乃先生

5月の種まきシーズン。長期的な栽培への関心が豊かに膨らむことを願い、絵本の力を借りることにしました。

選んだのは『かっぱのかっぺいとおおきなきゅうり』。かっぱのかっぺいが大好きなキュウリをやっと手に入れる話です。絵本の最後の見開きに、種と一緒に「だいじににそだててね」と書いた手紙をこっそり忍ばせ、読み聞かせを始めた。子どもたちは食い入るように絵本を楽しみ、「お・し・まい」とページをめくる瞬間に、手紙らしきものに気づき、「かっぺいからの手紙かな？」と大盛り上がりで、一緒にあった何かの種を、みんなで育ててみることにしました。

小さな芽が出て少しずつ大きくなる中でも、子どもたちの会話には「かっぺい見に来るかな？」などの会話が聞かれました。そこで担任は、子どもたちの想像が膨らむことを願い、ある時はかっぺいからの手紙を置いておいたり、ある時は保育室の入り口に、こっそりと足跡をつけておいたり……。そんな日常の中、かっぺいからもらった種は、すくすく育ち、何やら見覚えのある形の実が……「キュウリだ!ー‼」「かっぺいに〝ありがとう〟したい!」と、手紙を描いたり、おいしくいただいたキュウリを、「かっぺいにもあげよう!」と、かっぺいの分のキュウリを作ったりして楽しみました。

『かっぱのかっぺいとおおきなきゅうり』は、主人公のかっぱのかっぺいが、大きなキュウリを荷車に載せてひっぱるおじいさんの姿を見つけ、追いかけていく話です。大きくて緑色のものに、思わずかぶりつくとサボテンだったり、ワニのしっぽだったり…。やっとキュウリにありつくことができ、背中にキュウリを背負い、おじいさんに手をふるかっぺいの姿が印象的なラストになっています。

▶『かっぱのかっぺいとおおきなきゅうり』

谷口先生が、そっとキュウリの種とキュウリが大好物なかっぺいからの手紙を絵本にしのばせておくアイディアが、子どもたちの想像力を刺激しています。キュウリの種まき→発芽→苗の成長→収穫といった一連の毎日の栽培が、架空のかっぺいとの交流へと発展していき、最後には自分たちのキュウリをかっぺいに捧げるやさしさも見せています。子どもたちの反応を期待して、廊下にかっぺいの足跡をつけるのも効果的で、子どもたちの関心を惹きつけてやまない心にくい演出です。キュウリの栽培という数カ月にわたる一連の保育実践が、4歳児の生活に楽しさと潤いを与えているのではないでしょうか。絵本から発した環境設定が、食育のみならず、植物への関心や架空のかっぺいへの想像力や思いやりの行動にまで発展させ、見事な遊び

美味しいキュウリが育った！

いよいよ収穫！

かっぺいの足跡?!

かっぺいへ「キュウリどうぞ」

かっぺいにお手紙かこう！

に展開しています。

谷口先生の発案である種や手紙を絵本にしのばせたり、廊下にかっぺいの足跡をつけるアイディアは、松村真宏が提唱している「仕掛け学」（松村真宏『仕掛け学――人を動かすアイデアのつくり方』東洋経済新報社、２０１６）に通底しています。「仕掛け学」とは、「つい＊＊したくなる」ようなひとを動かすアイディアをいいますが、普段から子どもと過ごし、子どもの視点で物事が見通せる担任の先生しか思いつかない発想ではないでしょうか。

2　ごっこ遊びと絵本

(1)『とんぼのうんどうかい』

『すいかのたね』でご紹介した高木先生の別のエピソードです。４歳児の11月の運動会シーズンに読んだ『とんぼのうんどうかい』（かこさとし『とんぼのうんどうかい』偕成社、１９７２）から、子どもたちが自分たちの経験と重なり、物語に同化していく様子が伝わってきます。

▶『とんぼのうんどうかい』

『とんぼのうんどうかい』の読み聞かせから（4歳児　2学期）　Y幼稚園　高木徹也

2学期も段々と終わりへ向かい、子どもたち同士の関わりの深まりを感じるようになった11月。こどもたちとひとつの物語を共有し、劇遊びを楽しみたいと思い、数か月前に「うんどうまつり（運動会）」を経験していたこともあり、「とんぼのうんどうかい」の絵本を読み聞かせした。自分たちの経験とも重なるところが多く、こどもたちの中にストンと物語が落とし込まれていたようだ。

子どもたちの中から自然と「とんぼの羽、作りたい！」、「おれはギャングこうもりになる！」と声が上がり各々で羽や被り物などの変身グッズを作り始め、すっかりその気になっていった。

日常の中の遊びでも、登園してくると変身グッズを身にまとい、砂場で遊んだり、おままごとをしたり、他のクラスへ遊びに出かけたり…と遊びの世界と自然と絵本の世界が混ざりあっていった。

それとは別の場面だが、絵本の中で、コウモリが捕まえたとんぼたちに「からからひぼしにして、それからじゃりじゃりこなにして、インスタントコウチャにしてやる！」と怖がらせるために言ったこのセリフ。この一文が特に気に入ったようで、鬼ごっこをしているときや、劇遊びをしているときなど、ことあるごとに子どもたち同士で互いに「そんなことするなら、からからひぼしにして…」「そっちこそ、からからひぼしにして…」と長いセリフを楽しそうに言い合っている、そんな姿もあった。

保育者の目線で見ると「劇遊びに…」と〝あわよくば〟を考えてしまいがちだが、子どもたちからしてみれば絵本のイメージから広がっていく事柄はすべて、楽しい〝あそび〟なのである。絵本の物語・言葉をきっかけに、自分たちの興味があったこと、あそびの盛り上がり、全部が嚙み合って、展開していった出来事だった。

運動会の練習で経験した競争や玉わりや綱引きが、『とんぼのうんどうかい』のお話の展開とイメージがつながり、絵本の世界と遊びの世界が一体化したエピソードです。写真からも子どものとんぼになりきって笑顔がはじけています。とんぼたちが、運動会の帰り道、悪者のコウモリに捕ま

り、とんぼを脅す長いセリフとはこんなに怖い内容です。

「わっはっは…。にがしてなんかやるもんか。ふくろのなかでからからひぼしにして、それから、じゃりじゃりこなにして、ポットにいれておゆをいれ、おいしいあかとんぼのインスタントこうちゃにしてやるんだからな。わっはっはっは…。」

鬼ごっこをしながら、楽しそうに長いセリフを覚えてしまう力こそ、ことばの教育を超越した子どもたちの自発的な学習だと納得してしまいました。高木先生の劇遊びに仕立てたい欲求は保育の世界ではよくある葛藤です。でも、劇遊びとは、子どもの言動を保育者が形式的に整え、外に向けて体裁をよくするため、本来の遊びとは程遠い行事です。より自由にセリフを言い合い、自由に体を動かせる遊びにこそ、子どもの真の姿であるのです。そのことをよく理解しているからこそ、保育者は仕事とのはざまで葛藤になるのではないでしょうか。

(2)『どうぞのいす』

次のエピソードはA幼稚園の清水恵美先生の『どうぞのいす』(香山美子作、柿本幸造絵『どうぞのいす』ひさかたチャイルド、1981)を何度も読んでもらった後、本気で「どうぞのいす」との関わりに発展していった3歳児の姿です。

『どうぞのいす』（3歳児　10月）

A幼稚園　清水恵美　當麻祐子

今日の絵本の時間には『どうぞのいす』を読むことにしました。じっと聞いていた子どもたちからは「もっと見たい！」「もう1回読んで」と声があがり、毎日のように読むことになりました。

登場する動物たちと同じ世界にいるかのように楽しむ子どもたちをみて、東側園庭に「いす」を置くことを思い付きました。東側園庭は栗や樫などの木々を背にする草地です。「みどりの丘」と名づけています。

一緒に遊びに行くと、

Ａ「あれ？　ここにいすがある」

Ｂ「なんでだろう」

Ｃ「わかった！　これ、どうぞのいすだよ!!」

みんな「そうだよ！　そうだよ！」

保育者「本当ね。でも何も置いてないね」

Ｂ「ぼくたちで置いてあげよっか！」

そしてみんなでいろいろなものを探し始めました。

保育者「あ！　どんぐりあったよ」

B「くりがあった！」
A「誰か食べてくれるかな」
C「くまさんがきてくれるよ」
みんなで集めたどんぐりや栗などを3つのイスに置きました。
みんな「またあした、見にこようね！」
この話は、帰りの会で話題になり、子どもたちみんなが翌日を楽しみにしていました。
みんな「早く、どうぞのいす、見に行こうよ！」
C「あれ、かわってるよ」
B「入れ物もかわってる」
A「やっぱりどうぞのいすだ！　誰が入れてくれたのかな？」
D「ライオンさんかな？」
C「ちがうよ！　ロバさんだよ！」
E「じゃあ僕たちも葉っぱを入れておこう」
それから毎日「どうぞのいす」を見に行くのが日課になりました。
A「今日は、かわっているかな？」
E「誰がかえてくれてるのかな？」
C「ロバさんだよ」

翌日のこと、

B「今日はどんぐりがいっぱい入ってるよ」

C「じゃあ、今日は枝にしようか」

こうして、どんどんと物語の世界に入っていき、毎日わくわくと「どうぞのいす」を見に行っては、その変化に気付き、想像をふくらませていく子どもたちと、もう少し一緒に楽しみたいと願いながら、しばらくこの遊びは続きました。

そうした中で、今年の展覧会は絵本をテーマにしようということになり、「どうぞのいす」の1ページをみんなで描くことにしました。

みどりの丘の「いす」に木の実や枝を置くことを続けながら、「ロバ」を作っていきました。ロバの絵は大きいので、体育館を使い描いていきました。

ロバ完成の日、みどりの丘の「いす」に手紙を置くことにしました。

みんな「なんかあるよ」

A「おてがみだ」

E「誰からのおてがみ？」

B「何てかいてあるの？」

保育者「『みんないつもありがとう』だって」
C「やっぱり！　ロバさんだったんだ！」
D「今日もどんぐりを置いておこうよ！」
興奮気味にみんなでどんぐりを探しに行き、「いす」に置いて部屋に戻る時。
C「先生、ありがとう」
保育者「え？」
C「先生、すごく楽しいよ。ありがとう」

そして翌日。いつものように見に行くと「いす」には何も置いてありません。

保育者「ロバさん、お家に行っちゃったのかな？」

C「ちがうよ。体育館にいるよ」

保育者「あぁ、そうだったね」

それからは、毎日、体育館のロバに会いに行きました。

そしてその後、展覧会では子どもたちと「いす」も作り、ロバの絵と共に飾りました。展覧会が終わった後も部屋にはロバとイスが置かれ、繰り返し「どうぞのいす」の絵本を楽しんでいます。

手紙を置いた日、Cくんの言葉に一瞬驚いたのですが、Cくんは、先生や友だちとみどりの丘に行き、木の実を探したりワクワクして次の日を待ったり、ドキドキして見に行ったりする、このみんなと一緒の遊びが、本当に楽しくて嬉しくて言った言葉だったのです。
子どもたちの楽しそうな姿、成長していく姿を感じながら、絵本の世界を子どもたちと一緒に遊び、私にとっても本当に幸せな日々となりました。

『どうぞのいす』は１９８１年に出版されて以来、１００万部を超えるロングセラー絵本です。うさぎさんが作った椅子に「どうぞのいす」と書いて木の下に置いておくことから始まります。最初に椅子に座ったろばさんが、どんぐりのかごを置き忘れたことから、次々に椅子には食べ物がとりかえっこされていきます。くまさんやキツネさん・リスさんが次々に勘違いをして「どうぞ」と優しさを連鎖してくリレー話です。園庭に椅子を置いたり、いすにどんぐりや手紙を置いたりしている先生の影の手は先程の「仕掛け学」のアイディアといえます。こっそりしているつもりだったのに、Cくんに「先生、ありがとう」と言われ、ばれてしまったのかとどっきりしたというせりふは、子どもを思う保育者ならではの至福の告白です。

▶『どうぞのいす』

3 変身大好き

(1)『10ぴきのおばけシリーズ』

子どもたちの周りにはさまざまなイメージが溢れています。一番影響力が強いのはメディアで流れているアニメーションやキャラクターではないでしょうか。子どもたちは、仮面ライダーごっこやプリキュアになりきり、グッズを欲しがります。しかし、園で沢山の子どもたちに同じような流行のおもちゃを準備していたのでは切りがありません。

▶『おじいさんと10ぴきのおばけ』

子どもたちが好きなのは、ワクワクドキドキできる〝まほう〟のようなイメージです。いろいろなイメージを提供するのも、絵本ならではの世界です。最近のおばけのイメージといえば、ゾンビが流行りなのでしょうか。しかし、おばけは、古今東西、ゾンビだけでなく、幽霊、妖怪など、日本には数えきれない程のイメージがあふれています。

次のエピソードは絵本に描かれたかわいいお

ばけたちのお話です。A幼稚園の落合えりな先生と當麻祐子先生が選んだのは、「10ぴきのおばけシリーズ」です。『おじいさんと10ぴきのおばけ』（にしかわおさむ作・絵『おじいさんと10ぴきのおばけ』ひかりのくに、2002）では、年をとって元気のないおじいさんが病気になり、10ぴきのおばけが病院に連れていき助けたことをきっかけに、おじいさんがおばけたちの世話をしながらどんどん元気になっていくという話です。

「10ぴきのおばけシリーズ」（年長　10月）

A幼稚園　落合えりな・當麻祐子

10月、年長さつき組ではおばけごっこがはやっていた。ただ、登場してくるのは「ゾンビ」や「貞子」…。子どもたちのやりたい気持ちを大切にしつつ、「おばけの絵本を持ってきたら？」と提案。担任も探してくることにした。偶然にもRとAが持ってきたのは、シリーズ本のうちの2冊。そこで同じシリーズの3番目を担任が準備した。

1日目、『おじいさんと10ぴきのおばけ』を読む

A「おばけこわくない。かわいかったよ」

B「私もお手伝いしてくれるおばけがいいな」

C「一緒に遊んでみたいな」

2日目、『10ぴきのおばけとこいぬ』を読む

D「あれ？　また同じ人が出てくる…。昨日の続きってこと？」

子どもたち「もっと見たい！」

3日目、『10ぴきのおばけとすすおばけ』を読む

B「昨日のこいぬもいたね！」

子どもたち「もっと続きがみたい！」

保育者「手元にあるのはこの3冊だけなの」

子どもたち「えー‼」

すると…

A「先生、お手手でこうやるんだよ」

AくんがEテレの番組の「みぃつけた」の中の「おてて絵本」を提案したのだった。

こうして、3冊の本がきっかけになり、子どもたちによるオリジナル絵本づくりへと発展していった。

一方的に流れ込んでくる情報から描いていた、子どもたちの「おばけ」に対するイメージは絵本との出会いによって豊かに広がり、自分たちで絵本を作りたいという思いを生み出した。

絵本の持つ底力をあらためて感じる活動となった。

「おてて絵本」とは、A幼稚園でよく行われている子どもたちによる創作絵本の活動です。NH

KEテレの「みぃつけた」という番組がヒントになっています。「10ぴきのおばけシリーズ」から子どもたちの想像力に火がついて、たくさんのおばけが誕生した一コマです。このことは、さらにお化け屋敷ごっこやお化けごっこに発展する可能性をも秘めています。「ゾンビ」や「貞子」には負けていられません。

(2)『まじょのふるどうぐや』

次は、フリーの保育者（常勤だが自分のタイミングで保育に参加できる）で、時々幼稚園に現れる設定の魔女として登場する猪股佳子先生のエピソードです。『まじょのふるどうぐや』（佐々木マキ作『まじょのふるどうぐや』福音館書店、2003、品切れ）をベースに、時々幼稚園に現れる魔女と子どもたちとの関わりを描いています。

▶『まじょのふるどうぐや』

『まじょのふるどうぐや』（4、5歳児　1学期）

Y幼稚園　猪股佳子

1学期も半ばに差しかかる頃になると、保育者と共に様々なごっこ遊びが広がりを見せるようになる。おままごとが家族ごっこにつながったり、みんなで作っていたアイスクリームやドーナツがお店屋さんで売られるようになったり。そんな中で、子どもたちの遊びにひとつ橋渡しをしてみる。

ある日、おままごとをしている子どもたちのところへ、魔法使いの〝ぺこりーのちゃん〟(私が変装している)が遊びに来た。反応は様々で、「あら、おいしそうね。」の言葉に「これ、どうぞ!」と、お皿いっぱいのくだものをのせてきてくれる。「こっちもどうぞ!」と、山盛りのパン。ひとつひとつ、「おいしいわね〜。でも、もっと食べられるわ。わたし、はらぺこのぺこりーのちゃんなの。」と、会話も盛りあがる。

「あなたのお名前は?」と聞くと、「○○です。」「何歳かしら?」「4さいです。」と大真面目に答えてくれる。

他の保育者が部屋にはいってくると…「わたし、大人には見つかりたくないわ。じゃ、帰るわね。」と、ささっと姿を消す。子どもたちは「なんだ、もう帰っちゃうの?」と、追いかけてくるが、忙しいのを理由に切り上げる。よくよく考えると、この余韻を残す感じが、次の楽しみになっていたようだ。後に、この魔法使いは、5歳児の遊びにワンポイントで登場することもあり、そこから、数年来、子どもたちの前に時々現れる存在となっている。ある日、こんないきさつで絵本とつながった。

保育室では、絵本は本棚にあり、誰でも、いつでも手に取れる。この日は、「これ読んで!」と手渡された『まじょのふるどうぐや』を初めて読み聞かせした。お話に出てくる魔法使いは、子どもたちをちょっと困らせるいたずら好き。自分がしくじったことを口惜しがり、ほうきに飛び乗って、今も「ちきゅうのまわりをとびつづけている。」でお話は終わる。

子どもたちにとっては、少しだけ優位に立てる相手であることも親近感を持たれたようだ。この共通するキャラクターの面白さが、物語と日常のやり取りをつなげ、イメージを共有する世界をより豊かなものにしてくれた。大切な絵本との出会いだった。

〝まほう〟は、子どもたちがワクワクするキーワード。ホントみたいだけどホントじゃない…。その想像の世界を子どもたちと楽しめる絵本選びが、保育実践には欠かせないと思う。


謎の魔女登場で一気に子どもたちのテンションがあがり、魔女熱に火がついている様子が伝わってきます。「ぺこりーのちゃん」という不思議な名前やおとなの気配を感じると姿を消してしまうなど、謎だらけの魔女に子どもたちの想像力は刺激されっぱなしです。写真のように魔女のパーティや魔女の装束に身を包み、古道具屋さんや魔女のレストランごっこに忙しく遊びを膨らませていくのが子どもの才能です。「〝まほう〟は、子どもたちがワクワクするキーワード」を座右の銘とする「ぺこりーのちゃん」の記憶は、大きくなっても子どもの脳裏に焼き付いて離れないのではないでしょうか。

ぺこりーのちゃんが来た！

魔女の館でパーティー!!

魔法使いに変身！

4 制作や劇遊びへの発展

(1)『わんぱくだんのロボットランド』

▶『わんぱくだんのロボットランド』

次のエピソードは、4歳児クラスの1学期から2学期にわたって繰り広げられたロボット研究所の遊びです。ロボットの燃料やリモコンやロボットの生活に必需品が作られていき、2学期には、『わんぱくだんのロボットランド』（ゆきのゆみこ・上野与志作、末崎茂樹絵『わんぱくだんのロボットランド』ひさかたチャイルド、1995）を読んだことによって、よりロボット研究所遊びへ仲間が加わり、最終的には劇遊びにまで発展していったエピソードです。

『わんぱくだんのロボットランド』（4歳児　2学期）

Y幼稚園　谷口里乃

1学期、年少の時に幼稚園で作ったロボットを、年中でも持ってきたのをきっかけに、一人

の男の子がロボットで遊び始めた。そのロボットを見て、「ぼくも作りたい！」と、数人の子がロボットを作り始め、ロボットでのやり取りを楽しむようになった。

2学期が始まり、数日が経った頃、ある男の子が家で作った段ボールのパソコンを幼稚園に持ってきた。それがきっかけで、そのパソコンはロボットを調べるパソコンになり、ロボットは「電池が必要だ！」「油も必要！」など、子どもたち同士で言い始めてから、ロボット研究所を作ることになった。研究所には、女の子たちも多く参加し、パソコン、電話、テレビ、充電ロボットのリモコンなどのほかに、ベッドやシャワーなども作られ、いろいろなやり取りが広がった。

その頃（10月～11月）には、ロボットが10体ほどに。クラスの保育室の一部が、ロボット研究所で埋まり、毎日、入れ替わりで子どもたちが遊んでいた。担任は、クラスのみんながこの遊びでつながれないかと願い、『わんぱくだんのロボットランド』を読み聞かせてみた。すると、今まで遠巻きに見ていた子どもたちがやってきたので、絵本に出てくるロビンというロボットを担任も一緒に作ることにした。そこから絵本のやり取りが始まり、レストランも出来て、やがてこの遊びは、劇遊びの行事につながっていった。

「わんぱくだんシリーズ」は20冊以上出版されている人気絵本です。『わんぱくだんのロボットランド』は、わんぱくだんを結成する3人組けん・ひろし・くみが力を合わせて制作したロボットのロビン1号と共に、ロボットランドに遊びに行くという話です。最初は楽しく遊んでいるのですが、お掃除ロボットに3人が食べられそうになり、ロビン1号は3人を守るために必死に戦い…。気が付いた3人がボロボロになったロビン1号を綺麗に修理するという結末になっています。

お家で作ったパソコン

ロボット作りの始まり

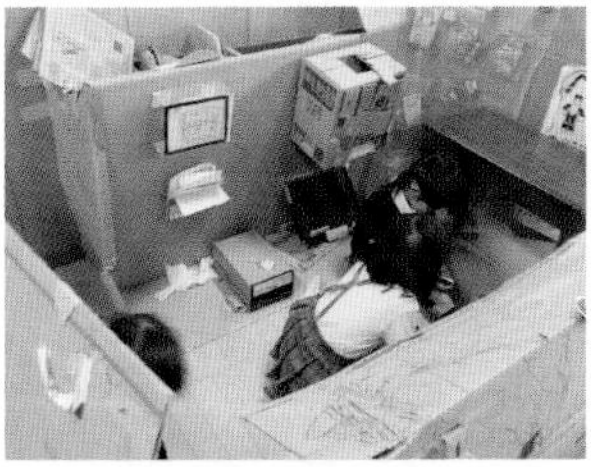

研究所がだんだん出来てきた

個性豊かなロボットたち

Y幼稚園のロボット研究所には実にさまざまなロボットが誕生したのではないでしょうか。段ボール製のパソコンで計算式を作り、今後本格的に到来するAI時代のロボットの活躍を彷彿とさせる未来志向の遊びです。夢中になる子どもたちにとって、遊ぶ時間はいくらあっても足りないのです。

▶『はらぺこあおむし』

(2)『はらぺこあおむし』

『はらぺこあおむし』（エリック・カール作、もりひさし訳『はらぺこあおむし』偕成社、1969）は、不動の人気を誇る絵本です。エリック・カールによる大胆な色使いのあおむしが、月曜日からりんごやケーキやアイスクリームなど、子どもの胃袋も刺激しながら、次々とページ全体に描かれた食べ物を食べつくしていきます。しかし、グルメな生活を送っていたあおむしですが、とうとう食べ過ぎておなかをこわすところも子どもそっくりです。

『はらぺこあおむし』（3歳児　10月）　A幼稚園　加藤あゆな

『はらぺこあおむし』は子どもたちの大好きな絵本の1冊です。

歌を覚えていたり、家にある子どもたちも多くいます。

リクエストを受け、はらぺこあおむしの絵本を読んだある日のことです。

Ｅ「先生！はらぺこあおむし描きたい」

担任「絵本を見て描く？」

Ｅ「うん」

集中して書いたＥちゃんの絵を紹介すると、他の子どもたちも、あおむしへの思いが強くなったようで、粘土で作ったり自分なりに表現する姿がみられるようになりました。

Ｅちゃんの作品を見て「わぁ、上手だね」と言っていたＮちゃんは、家にも、同じ本があるよと、言っていました。

そして週明けに家で描いたと、３枚の絵を持ってきてくれました。

Ｎちゃんが絵本の事や友達の絵の事などをお家のかたに話している様子が浮かびました。きっと一緒に絵本を開き、楽しみながら絵を描いていったのでしょう。

卵からあおむしへ、そしてさなぎ、蝶へと成長した絵を、１枚ずつ描いて絵本のようにして、嬉しそうに見せてくれました。


この絵本にまつわる有名なエピソードとして、初版にはさなぎは登場していませんでした。しかし、多くの読者から生物学な正確さを求められ、作者が書き加え、さなぎから蝶になったところで、お話は終わります。おそらく、エリック・カールとしては、色味のないさなぎには興味がなかったのかもしれません。実際のあおむしや毛虫もこんなに綺麗でおしゃれな幼虫ではありません。このエピソードのように、『はらぺこあおむし』は、卵からさなぎ、蝶への一連の変態の様子の制作や描画をする中で、3歳児の昆虫博士的な要素を引き出しているのではないでしょうか。

(3)『こびとのくつや』（グリム原作、いもとようこ文・絵『こびとのくつや』金の星社、2006）

このエピソードはU保育園の中山先生の報告によるものです。生活発表会を終えた後に、「こびととくつや」のごっこ遊びが始まりました。

A「こびとのくつやの映画が始まりま〜す！」

発表会の時に使用したこびとの衣装を身につけて声かけして歩いている。呼び込みである。A君は声かけしながらクラスの中央に衝立を置いて仕切りも作っている。友達に声をかけまわっているA君を見たYちゃんは、

Y「ねぇ、チケット作ればいいんじゃない？」と言って、クラスの製作コーナーから色画用紙を取り出してハサミで切り始める。

▶『こびとのくつや』

Y「せんせい～。〇〇くんのちけっとって
　書いて」

するとA君は「顔も描いて」と言い、専用のチケットができあがる。きりん組（4歳児）の友達には専用のチケットを、Yちゃんは顔を描いていないチケットをぱんだ組（3歳児）に配りに行く。ぱんだ組のお客さんが次々と入ってくると、A君が保育室の電気を消し、「僕が最初に言う人！」とM君、Yさんはピアノの伴奏を口で奏で「映画」と称した劇遊びを楽しそうに進めいている。

これまでの劇遊びごっこで使用していた道具や衣装の他、なりきるための雰囲気作りまで子どもたちなりに考えてチケットを作ることを楽しんでいた。ごっこ遊びが広がったチケット作り。家庭での経験からかまたは保育園での「※うめだれすとらん」での経験からなのか、子どもたちは自分の実体験を遊びに結びつけていた。

◎うめだれすとらん…毎月、食育活動の一環で幼児クラスを中心に園長が店長、クラス担任が店員となり、保育室をレストランに見立てて行っている取り組み。

生活発表会で楽しんだ『こびとのくつや』が、実生活のごっこあそびに取り入れられ、遊びがチケット作りや劇遊びごっこや映画遊びごっこに発展していく様子が描かれたエピソードです。みんなで体験した後なので、より盛り上がりそうです。それにしても、発表会の衣装を普段のあそびに提供している太っ腹の保育環境に脱帽です。

5 読書への広がり

「ぎょうれつのできるおいしいえほん」シリーズ

家庭はもとより、幼稚園や保育園で絵本を楽しむ習慣は、子どもたちの今後の読書習慣につながっていきます。スマホやゲーム環境が蔓延している子どもの生活に読書が根付きにくい時代になっています。しかし、乳幼児期に読書の愉しみを知った子どもは、小学生、中学生やおとなになっても本が嫌いになることはありません。この時期に次のエピソードの遠藤さやか先生ように、子どもたちの読書熱を上手に盛り上げていき、先生や友達と同じ絵本を楽しむ経験はひとりで読むときの何倍も幸せな気分になるのです。

「ぎょうれつのできるおいしいえほん」シリーズ（年長　10月）A幼稚園　遠藤さやか

〈この絵本を読んだきっかけ〉

子どもたちが自宅にある絵本を持ってきて、帰りの会などで読み聞かせをしている。ある日、子どもが持ってきた絵本の中に「ぎょうれつのできるはちみつやさん」と「ぎょうれつのできるスパゲッティーやさん」があり、こどもたちの希望で早速「ぎょうれつのできるスパゲッティーやさん」を読むことになった。

〈絵本を読み進めていくと…〉

Ａ「あれ？　前に読んだチョコレートやさんに出てきた動物と同じのが出てきた」

Ｂ「そうだよ。チョコレートやさんと同じシリーズなんだよ」

Ｃ「ほら　あそこにある〝はちみつやさん〟もだよ」

◎クラスの中で「そうなんだ！」となり、ほかにはどんなシリーズがあるのか話題になった。

保育者「スパゲッティーやさん、はちみつやさん、チョコレートやさんの他に持ってるお友達いる？」と投げ掛ける

Ｄ「ぼく　パンやさん持ってるよ。明日持ってくる」

Ｅ「前に読んだチョコレートやさんも　もう１回読みたいな」

B「いいよ！　明日持ってくるね」
　※ぎょうれつのできる絵本がシリーズ本だと分かり、他のシリーズも読みたいという気持ちを強く持つ。
次の日、〝ぎょうれつのできるチョコレートやさん〟〝ぎょうれつのできるパンやさん〟を家から持ってきてくれる。
A「昨日、家で調べたら、レストランとすうぷやさんもあるみたいだよ」
保育者「そうなの？　レストランとすうぷやさんの絵本　持ってるお友達いないかな？」
A「うちにはなかった……」「私も持ってないな」など
　◎「でも、レストランとすうぷやさんも読んでみたい」というリクエストが多く出る。
保育者が〝ぎょうれつのできるレストラン〟〝ぎょうれつのできるすうぷやさん〟を用意。
数日間にわたり1冊ずつ読み進めていく。

〈すべてのシリーズを読み終わると……〉
A「おいしいお料理がたくさんある〝ぐうぐうやま〟が本当にあったら行ってみたい」
保育者「みんなだったら〝ぐうぐうやま〟で何屋さんをオープンさせる？」
B「〝ぐうぐうやま〟はお腹がぐぅ〜ってなるから〝ぐうぐうやま〟なんだと思うから、おいしいお店がいいよね……」

C「私だったらケーキ屋さんかな？」
D「ぼくはパフェ！」
E「アイスも良くない？」
B「でも、くいしんぼうの動物達って匂いにつられて集まってくるから、おいしそうな匂いのするものがいいんじゃない？」
F「ドーナツとかワッフルとか……」
G「お！　いいじゃん！」

◎おいしそうな匂いのする食べ物屋さんを想像し話し始め、自分達ならどんなお店を〝ぐうぐうやま〟でオープンさせるか話し合う。

その後、日常の生活の中で自分たちが並ぶ場面があると、「ぎょうれつのできる〝水道屋さん〟」「ぎょうれつのできる〝お茶屋さん〟」「ぎょうれつのできる〝トイレ〟」など、自分たちを〝ぐうぐうやま〟の動物達に見立て楽しむようになった。

どんなお店を作りたいという話題もクラスの中で盛り上がり、継続的に話し合いが進められた。その中からカフェを作ってみたいということになり、制作活動に発展し展覧会での展示につながっていった。

「ぎょうれつのできるおいしいえほんシリーズ」はエピソードにもあるように、7冊ほど出版さ

▶『ぎょうれつのできるすうぷやさん』

れています。全部を幼稚園で揃えるのは大変でも自宅から持ってきてもらうのも一案でしょう。その中から、幼稚園でも『ぎょうれつのできるすうぷやさん』（ふくざわゆみこ作『ぎょうれつのできるすうぷやさん』教育画劇、２００９）他１冊を購入し、日々読書への関心をつなぎとめ、ついには子どもたちからどんなお店が作りたいかに発展させています。１冊の絵本から無限に広がる子どもの興味関心や想像力を保育者がいかに受け止めて羽ばたかせていくかは、保育者の仕事の醍醐味でもあるわけです。

ここまで、絵本と子どもの関わりをご紹介してきましたが、絵本が合言葉になって子どもたちの主体的な行動につながったり、ことば遊びやごっこ遊びに発展したり、イメージの世界で豊かに遊んだりする子どもたちの姿が展開されていました。ちょっとした絵本との出会いが、子どもたちの想像力を刺激し、どんどん子ども自身で無限のイメージの世界へと誘い遊んでいるのです。幼児期に、絵本をきっかけとして、子どもの無限の可能性を開花させることは、保育者しか実現できない仕事なのではないでしょうか。

第7章　知りたいを育てる

1 この世界はなぞだらけ

(1) しりたがりや

人生を歩み始めたばかりの乳幼児にとって、この世はなぞだらけです。1歳半頃になると、「これなあに?」とモノの名前を質問する「第一質問期」がやってきます。その後、物事の仕組みや因果関係に疑問を持ち、「どうしてパパはお酒が好きなの?」「どうしてママはお化粧するの?」とさまざまな難問もぶつける第二質問期になります。

NHKラジオでは、夏休みや冬休みに「子ども科学相談」が定期的に放送されています。宇宙や昆虫や動物に関する質問に、幼児から中学生までの質問や疑問に、専門家の先生方が、わかりやすく丁寧に答えてくれる番組です。子どもからの難問珍問にプロの先生方も頭を抱える場面もあり、「どうしておみずはつかめないいんでしゅか?」という3歳児の質問に四苦八苦したというエピソードも語られています。

子どもは生まれた瞬間から、とても「しりたがりや」です。子どものそばで暮らしていると、子どもからの難問珍問にどっきりさせられることも多いのではないでしょうか。「どうして?」「なぜなの?」という疑問をぶつけてくる背景には、もっとこの世界や社会のことをたくさん知りたいという子どもの純粋な好奇心が隠れています。ひとはいつの時代でも知りたいという好奇心によって進化を続けてきました。周囲の対応の仕方によっては、子どもの興味の芽を摘んでしまうことになりかねません。ですから、おとなには子どもからの質問に対して誠実な対応が求められます。しかし、どんな物知り博士でも、子どもからの疑問に百科事典のように正確に即答するのは至難の業といわざるを得ません。さらに、子どもは、今すぐに答えを知りたいのです。子どもの興味が持続する時間はとても短く、その機を逃してしまうと全く忘れ去ってしまうことも多いので、なおさらスピーディな対応が大切です。ですから、特に育児中の保護者や保育士は常に正確で素早い対応が求められます。

では、せっかく芽生えた科学への興味や社会への疑問を潰さず、伸ばすのにはどうしたらいいのでしょう。この章でお勧めするのは、絵本で説明するミニブックトークという方法です。アメリカの児童図書館サービスの一環として伝わってきましたが、日本では岡山県の学校図書館で最初に行われたといわれています。ほとんど幼稚園や家庭ではほとんど行われていないのが現状です。ブックトーク（Book Talk）が正式な名称ですが、本格的にやる場合、7、8冊もの絵本や児童書を紹介するため、幼児対象では集中力が続きません。そこで、2、3冊の絵本を15分から20分で紹介していく「ミニブックトーク」方式を発案しました。子どもの好奇心を満たす疑問に絵本を読んで答えていく方法です。絵本の力を借りれば、どんな質問も怖くはなくなります。

では、ミニブックトークの話をする前に、我が家で起こったおへそに関する質問に、絵本の力を借りて解消した例をおはなししたいと思います。

(2) おへそってなあに？

孫のK（3歳）は、初夏に生まれたばかりのまだ1か月の新生児Aちゃんの沐浴を見学するのが大好きです。沐浴を終え、タオルにくるまったはだかんぼうの赤ちゃんをしげしげと見て、「どうして、Aちゃんのおへそは出っぱってるの？」と聞いてきました。へその緒はまだ胎内での役目を終えているとはいえ、乾ききっておらず乾いて落ちるまで不自然におなかのまん中に鎮座しています。この胎児のなごりのようなおへその出っぱりについて、3歳児にどのように説明したらいいでしょう。私は早速、『誕生の詩――あかちゃんのはじめての時間』（トーマス・ベリイマン写真・文、ビヤネール多美子訳『誕生の詩――あかちゃんのはじめての時間』偕成社、1978）というスウェーデンの写真絵本を本棚から引っ張り出すと写真を見せながら、長い文章をかいつまんで説明をしてみました。ページをめくると、妊娠したおかあさんのおなかがどんどん膨らんでいく様子やあかちゃんの出産直後の写真が展開されていきます。同時に、あかちゃんのおへそがおなかの中でおかあさんとつながっていて、そこから栄養をもらっているという説明とともに、誕生直後に長く伸びたおへその写真も載っています。出産直後、まだあかちゃんのおへそをハサミ

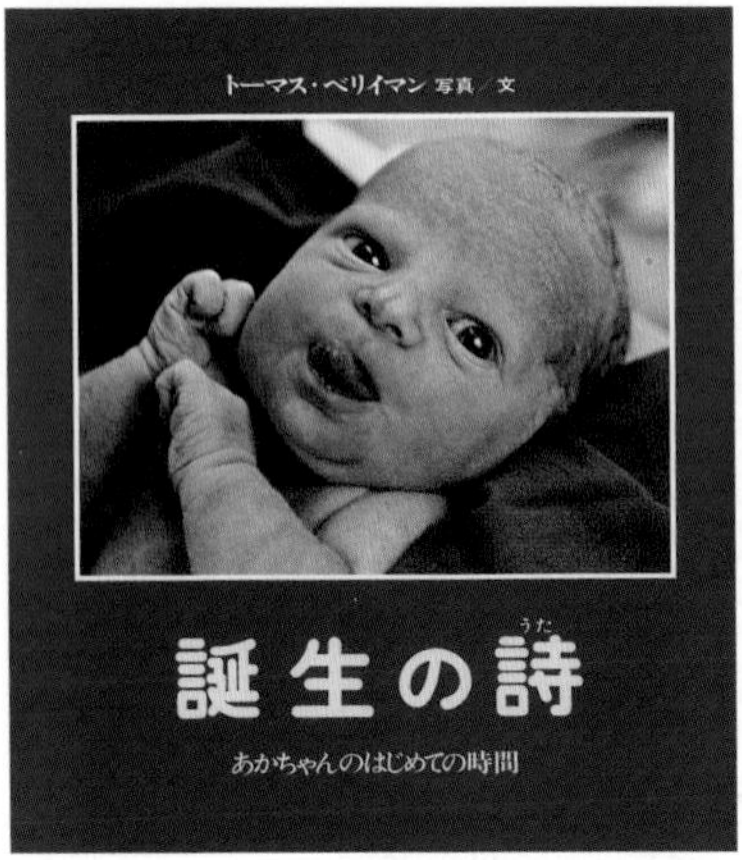

▶『誕生の詩』

で切る前に、長いおへその写真を見て、Ｋはとても驚いたようでした。何を思ったのか、Ｋは「わたしのおへそ！」と叫びながら、整理ダンスに駆け寄り、引き出しを開けると、小さな赤いハート型の箱を大事そうに両手に抱えて持ってきました。そして「ほら見て！」と箱のふたをとると、そこには「Ｋのへその緒」がはいっていました。「これ、わたしの」と得意そうに言い、おかあさんのおなかでつながっていたの」と自分のおかあさんとうなずき合ったのです。新生児のおへその発見が掘り起こしたＫの人体への疑問は、絵本によって目からうろこが落ちるように解決し、心底納得したようすでした。元々、絵本が大好きで時間があれば、絵本を読んでもらいたがっていましたので、ごく自然に絵本から知識を吸収していったに違いありません。

写真７－１

(3) 絵本との出会い

絵本はごく自然に子どもの疑問に答えてくれます。日本の子ども向けの出版点数の中でも、科学絵本等のノンフィクションが占める割合はとても高いうえ、美しい写真も図も丁寧で非常にわかりやすく編集されています。日本の絵本は欧米と比較しても美しいものが多いように思います。先程のおへそへの興味関心のエピソードのように、１冊の絵本を読んでもらうことによって子どもの疑問が、腑に落ちて解決していくことはよくあります。

同じようなことが卒業生からも報告されていたのを思い出しました。妹が生まれることを知らされた卒業生の長女の4歳のMちゃんは、あかちゃんが誕生するまでの数カ月間、毎日、『赤ちゃんの誕生』（ニコル・テイラー文、レナルト・ニコルソン写真、上野和子訳『赤ちゃんの誕生』あすなろ書房、2002）という絵本を何度も何度も読んでもらいたがり、自分でも繰り返し繰り返しを眺めていたというのです（写真7－1）。まだ、目には見えない妹の姿を絵本のなかに発見し、妹が生まれるという未知の経験を絵本から教えてもらっていたのでしょう。

2 理科離れと論理的思考

(1) セミは昆虫？

幼児期は好奇心に満ち溢れています。この時期にどんなジャンルに対しても、知識や経験をしっかりと積むことはとても大切だと考えています。大学で教えていると、理科的な出来事に対する苦手意識が強い学生が多いように思います。教室に小さな虫が一匹入ってきただけで、大騒ぎになり、素手でつかめる学生はひとりもいません。

以前、保育士養成校の短大生に昆虫のセミについてのアンケート調査をしたことがあります。セミの足の本数に関する質問「セミの足は何本ですか？」に対する学生の回答のうち、6本と正解できたのは全体の71％で、誤回答の内容は、「10本」「8本」「4本」等でした。次にセミが属する種に関する質問のうち、「昆虫」と答えられたのは37％と大変低い正答率だったのです。もちろんオスメスの見分けについての質問「セミのオスとメスの見分けがつきますか？」には、90％の学生がわからないと答えているのです。そもそもセミにはさわれない、気持ち悪い、ジージーいってこわい等、自分の世界と関わりを持たないようにしている学生がほとんどなのです。

(2) 理科離れ

１９９０年代くらいから、小、中学生及び高校生の理科離れが懸念され始めています。加えて２００７年に大学全入時代を迎え、大学生や短期大学生の学力も低下してきていることが問題視されています。保育士養成課程における学生についても、例外ではなく理科的な分野への関心の低さは、セミのアンケート結果の通りです。このことに以前より大きな危惧を抱いています。なぜなら、保育者の理科離れは、幼児の「理科離れ」に直結しかねない深刻な問題となるからです。

リテラシーとはもともとは読み書き能力を指しますが、近年「科学リテラシー」の重要性も国際的に認識されてきました。「科学リテラシー」とは端的にいえば、「自然の言葉を読む力」のことですが、国際会議やＰＩＳＡ調査でも「科学リテラシー」が取りあげられています。今の時代は、遺伝子操作や科学技術が、著しい発展を遂げています。最新の科学技術の是非を問う情報が溢れ、国策としての科学技術を評価する力も国民は持たなければなりません。

しかし、河野銀子が『理科離れしているのは誰か』（村松泰子編、河野銀子他『理科離れしているのは誰か――全国中学生調査のジェンダー分析』日本評論社、２００４）の中で行った女子中学１年生４３６人への「好きな教科」へのアンケートでは、音楽、体育が1位、2位をしめ、理科は最下位（国語）から2番目の8位（29・４％）と「嫌い」な教科として位置づけられています。学力低下の問題については、理科系列の分野に限らず、読解力、作文力、発表力に代表される「国語」力にも影を落としているのです。

さらに、ＰＩＳＡ（ＯＥＣＤ生徒の学習到達度）調査では、世界72か国の15歳の生徒54万人を対象に２０００年から地球規模で、3年ごとに学習到達度問題を実施しています。調査結果において回を重ねるごとに日本の成績ランキングが下がっていることは、教育関係者の危惧を増大させています。内訳は、２０００年、03年、06年の3回の調査では、「読解リテラシー」において、8位、14位、15位、「数学リテラシー」では、1位、6位、10位、「科学リテラシー」においても、2位、2位、6位と次第にランクを落とす数字が、国家の危機として認識されました。２０１５年の調査では、「数学リテラシー」は6位、「科学リテラシー」は2位と盛り返してきてはいますが、読解リテラシーは15位のままに留まっています。

【付記】 第2章2節は、浅木尚実「保育士養成校における学生の理科離れの課題と提言――科学リテラシーとブックトーク」（淑徳短期大学研究紀要第50号、２０１２年2月、83―96）を下敷きに大幅に加筆修正しました。

（3）論理的思考（ロジカルシンキング）とは

「科学リテラシー」は、論理的思考力を養うことにもつながる大切な能力です。文部科学省が、平成29年改訂版の『学習指導要領』には、子どもの教育には必要な「生きる力」が示されました。図７－１にあるように、「生きる力」とは、三本の柱から構成されています。一つ目は「知識及び技能」二つ目は「学びに向かう人間性」三つめは「思考力、判断力、表現力」です。

図７－１　生きる力

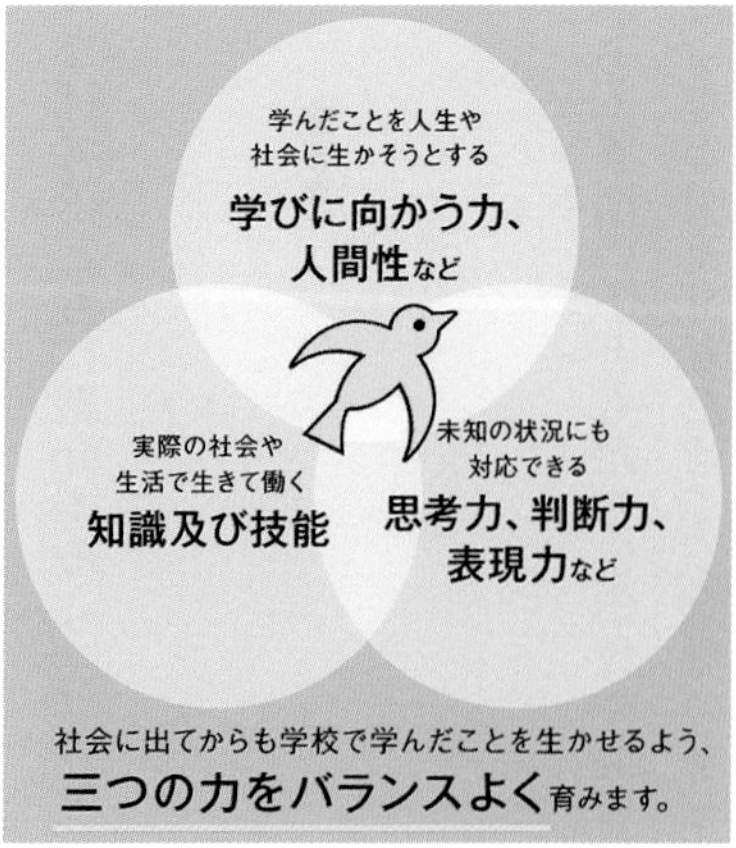

（出所）　文部科学省「新学習指導要領リーフレット」3頁。

論理的思考とは、「物事を体系的に整理し、矛盾点がない、飛躍したご都合主義的ではない筋道を立てる思考法」と定義されていますが、ビジネス界では３つのメリットがあるといわれています。

メリット①　問題解決能力の向上
メリット②　プレゼン力や提案力の向上
メリット③　コミュニケーション能力の向上

これが幼児にあてはまるかどうかはわかりませんが、おとなが子どもの論理的思考力を鍛える４つの方法を考えてみました。

【論理的思考力を鍛える4つの方法】
① 子どもの興味関心を伸ばす
② 子どもの主体的性を尊重する
③ 子どもの疑問に誠実に答える
④ 具体化なことばや情報で説明する

この4つの方法を駆使できるためには、おとなも子どもと情報を共有する必要があります。絵本がもっている力をフル回転させ、子どもの疑問に答え、論理的思考力を育てる方法は、ミニブックトークという方法がある！とあるとき、思いついたのは前述した通りです。論理的思考を鍛える4つの方法を実現するためにも、ここでは絵本を何冊かつなげて子どもに紹介するミニブックトークの方法をご紹介したいと思います。

3　ミニブックトークと科学リテラシー

(1) ミニブックトークとは

ブックトーク（book talk）は、アメリカの図書館用語で、「集団の子どもたちに学校や図書館で決められた時間内に、一つのテーマにそって、あるいは何らかの関連をもたせて、数冊の本を順序よく紹介すること。」（青木淳子他『キラキラ応援ブックトーク――子どもにすすめる33のシナリオ』岩崎書店、2009）と定義されています。「本と子どもをつなぐ」児童サービスであり、日本では1970年頃より、岡山の学校図書館で実践され、その後児童を対象とした学校図書館を中心に普及しています。さらに詳しい『最新　図書館用語大辞典』によると、「ブックトーク」には以下の説明がなされています。

グループを対象として数冊の本を紹介する仕事またはその集会。通常、図書館員によって、図書館内で行われる。あらかじめ選んでおいた数冊の本を紹介し、参会者にそれらの本について読書意欲を起こさせることを目的とする。読書の領域を拡大し、新しい分野に興味と関心を呼び起こす読書への動機付けとして効果がある。児童を対象とする図書館業務として「おはなし」（ストーリーテリング）、「読み聞かせ」とともに、本と子どもを結び付けるための重要な業務で、児童図書館員としては必ず修得しなければならない技術である。

また、学校図書館においても、通常、特定のテーマ（たとえば、米、環境問題、戦争と平和、クリスマスなど）や特定の作家（アンデルセン、宮沢賢治など）を中心として、フィクション、ノンフィクションをとりまぜて何冊かの本を紹介する。、調べ学習や総合的な学習の導入時、ブックトークのみを目的として集会を行う場合、あるいは子ども会、講演会など他の集会や授業などの機会に行う場合などがある、ブックトークは、現在では、主として児童対象に行われているが、これからは、青少年、高齢者、身体に障害のある人に、あるいはこれらの人々を交えた一般公衆に対しても、行われることが望まれている。（傍線は筆者）

ブックトークの目的は、「テーマ」によって、さまざまな本を使い、「子どもに『本を読みたい』という気持ちを起こさせること」（青木、２００９）とあります。近年、簡単にパソコンで情報検索することで、理解したような気になるため、本でしっかり調べたり読んだりする習慣が激減しています。

幼児が知識や情報を得るとき、簡単にタブレットを指先で操作し、情報処理をするのではなく、絵本や図鑑をじっくり眺め、その内容を理解し、咀嚼して自分の頭で整理する過程が重要となります。おそらく、幼児にとって新しい世界への導き手としておとなが介入する必要があるでしょう。そのため、ここで3～5歳の幼児向けのブックトークをミニブックトークと呼ぶことにして、幼児にも理解しやすい方法を考えてみました。

(2) ミニブックトークの方法

現場の幼児の興味関心がどこにあるかを想像しながら、ミニブックトークの準備をしていきます。その過程で知識豊富になり、興味関心を膨らませていくことが大きな目的である。発表前の段階で、以下6項目の順序で準備していきます。

①幼児と自分の興味のあるテーマを選ぶこと
②近所の公立図書館に行き、テーマにそって3～5冊以上の本を手にとり、目を通すこと
③必要な本は借り、メモをとること
④幼児の理解できるような本を2、3冊に絞り、順序を考え、プランを作成すること
⑤シナリオを書くこと
⑥リハーサルを行うこと

①核となる本を決める（対象年齢を決め、発達過程、興味関心、時節にあったテーマを設定する。）
②図書館に行く（近隣の公共図書館が一番児童書が多い。）
③関連する本を集め、選ぶ
（図書館の端末や書誌を使って、テーマにあった絵本、科学絵本、図鑑等を収集する。）
④本を精選する
（多くの本を読み、まず内容を理解し、自分の好きな本や子どもにあった本を選書していく。）
⑤ミニブックトークの流れを考える
（どの本を全部読むか？　一部紹介か？　どのページを見せるか？　クイズにするか？　その写真を見せるか？　引用はどのページを使うか？）

⑥ プラン決定
（本のリストを作成し、流れを考える。）
⑦ シナリオを書く
（導入、子どもへの語りかけ、本と本のつなぎの言葉、クイズの質問内容等、しめくくり。）
⑧ リハーサル
⑨ 本番

(3) 保育士養成とミニブックトーク

私が勤務する保育士養成課程の大学では、ミニブックトークを授業に導入しています。後程紹介する学生の事例にも見られるように、保育の方法論としても有効であるとの考えに至りました。その理由は4つあります。

第一にこの方法は、情報科学である児童図書館サービスの技法ですが、学生にとって身近なため、主体的に調査する能力を開発しやすい点にあります。特に読書力、読解力が低く読書習慣のない学生にとっては、大学図書館での文献調査は難しく義務的な作業に陥りかねません。読書嫌いを加速させることになりかねないのですが、ブックトークでは、扱う文献は子ども向けの絵本や科学絵本がほとんどであるため、読書能力にかかわらず理解が容易で、高い読解能力が不要です。また子ども対象の文献を使用するという性質上、身近なテーマを保育現場で子どもと共有する展開も視野に入れることが可能となります。

第二に、調べていくうちに、一つのテーマが枝分かれし、興味関心を広げていくことができる点があります。たとえば、「雨」というテーマから、天文学的な現象を説明した科学絵本、「あめ」の詩や絵本、カエルやオタマジャクシの写真付き生態絵本、あるいは虹などの気象現象にまで興味や視野を発展させることも自由です。テーマに関連する子どもの本を数冊読めば、種々の角度や視野からの知識、見識を得ることとなり、科学的リテラシーに関する興味の入口を示すこととなります。興味が起きた段階で、専門書を読む意欲に繋がる可能性も出てくるかもしれません。そのテーマは、そのまま指導案作成や年間、月間のテーマ設定の際のヒントにも利用でき、その可能性は無限大です。

第三に、特にこの方法が保育士養成に適している理由として、科学リテラシーを体得する過程で、調査し文献を整理し、全体を構成する力が必要となることです。結果として学生にとっても論理的に思考することが求められ、無意識に論理性を追求することとなります。

第四にシナリオを書く段階においては、作文力が求められ、最後に授業においての発表を行い、友人の発表を聴くことで、読む、書く、聴く、話すといった国語力全体にも力を注いでいくこととなるのです。

もちろん、指導にあたって課題は残ります。その一つにミニブックトークの方法取得には、前述のような多岐の能力が必要になってくる点です。それも一朝一夕に身に付く能力ではないでしょう。

ただ、学生が本気になり、図書館に足を運び、地道に積み重ねを行うことによって、着実に身に付くことが可能となると考えています。授業展開を行った結果、多くの学生から「読書への興味関心が生まれた。」とか、「幼児への知識提供に自信が持てた。」また、「就職後もブックトークを活用している。」との報告も受けているのです。

保育士養成校の養成課程の授業において、幼児に向けたミニブックトークを学生自身が手掛けることで、自らの読書意欲の喚起や自己啓発に繫がることを期待しています。ミニブックトークは、本来子どもを対象として読書への興味関心を抱かせることを目的としています。しかし、準備段階では学生が選書し読解した上で、テーマにそって構成し、シナリオを書く過程で、理科離れが自分の責任において解消すべき課題として浮かび上がってくれば、ブックトークへの姿勢は積極的になり、科学リテラシーの能力開発への意欲も増大すると予想されます。実習を経た学生は、将来的に幼児の質問や興味が、自分の責任下で処理される問題となることも予想できるでしょう。ミニブックトークを行う前提には、幼児の目前で自分が幼児にも理解できるように説明できなければ、幼児には通用しないでしょう。

理科離れ対策として提案してきたミニブックトークですが、これを糸口に多岐にわたる能力習得にもつながることとも保育士養成にとって有益な方法と考えています。ミニブックトークに取り組んだ学生の大半は主体的に作業し、確実に成長を遂げています。一方でミニブックトークの指導者の力量も問われることになるでしょう。

保育士養成課程へのブックトーク導入が、学生の理科離れ、学力低下に歯止めをかける一手段となることを期待したいと思っています。

(4) ミニブックトークの実例

学生がブックトークの課題に取り組むうちに、最初は絵本選びに苦戦しながらも、徐々に子ども主体の視点で絵本を見極め、子どもたちの興味関心に誠実に応えられるようなブックトークを実践できるようになっていきます。関心したのは、どの学生も子どもの立場になって、幼児期に理解できるような絵本を選び、シナリオを作成していったことです。具体的に学生が考えたミニブックトークをご紹介したいと思います。学生には授業の課題として、レポート形式で提出してもらいました。次の項目に従って提出された3つの実例です。一つ目は、「あかちゃんについて」二つ目は「食べ物はどこから来るの?」三つ目は「はたらくくるま」です。3~5冊の絵本を選び、全部を丸ごと読むのではなく、絵本によってはクイズを出したり、写真を見せたりするだけのものも含まれます。

内容は、1　テーマ、2　対象年齢、3　シナリオ（子どもの対応はシミュレーション）、4　想定される子どもの質問、5　ミニブックトーク作成時の反省点、6　ミニブックトーク作成後の感想、7　幼児にミニブックトークを活用することについての意見　の順序で書いています。

まず最初は、おへその疑問に対して、あかちゃんをテーマにしたミニブックトークです。

ミニブックトーク実例Ａ「あかちゃんについて」（Ｒ・Ｆ）

【ブックトーク】

1　テーマ：「あかちゃんについて」（所要時間30分）

2　対象年齢：4、5歳児

3　シナリオ

（1）

保育者（保）「みなさんこんにちは。みんなは、卵を食べたことがありますか？　今日の朝、卵を食べてきたひと～？」

子ども（何人か手をあげる）

保「目玉焼きかな？　卵焼きかな？　それとも別の料理を食べたのかな？」

子ども（いろいろ言う）

保「じゃあ、みんながいつも食べている卵は何の卵か、知っていますか？」

子ども（数人の子どもが正解を言う、分からなくて首をかしげる子どももいる）

保「そうだね、にわとりの卵です。にわとりは、卵から生まれてくるんだよね。じゃあ、他の生き物は？　みんな卵から生まれてくるのかな？　みんな、ききたいことはありますか？」

子ども「卵からどうやって生まれてくるんですか?」「他の動物はどこから生まれるんですか?」「なんであかちゃんはお腹から生まれてくるんですか?」子ども「私たちはどうやって生まれたの?」等

保「うん、そうだね、不思議なことがいっぱいあるね! 今日はいろいろな絵本を見ながら、その答えを見つけたいと思います」

(2)(パワポ①)まずはじめに、これは、いしかわこうじさんが描いた『たまごのえほん』という絵本です。

(3)＊全部読む

【スライド①】(いしかわこうじ『たまごのえほん』童心社、2009)

保「いろいろな卵が出てきたね。この絵本の中に、にわとりさんの卵が出てきたんだけど、みんな、分かったかな?」

子ども「わかった! ひよこのだよ、しろいたまごだよ」

保「そうだね、ひよこさんが生まれてきたしろいたまごが、にわとりの卵です。にわとりは生まれたばっかりの時はひよこさんだったんだね。とんがりたまごから生まれてくるのは何の動物だったか、覚えてる?」

子ども「んーと、ぺんぎんのあかちゃん!」

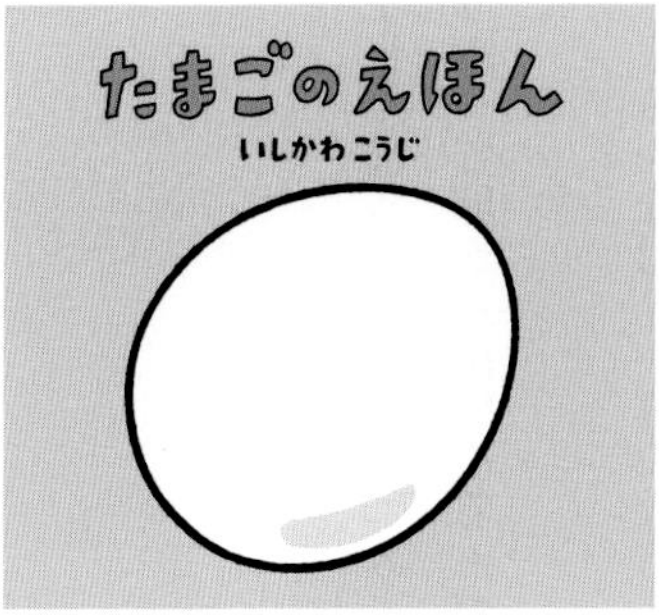

▶『たまごのえほん』

保「そう。ちっちゃなたまごは？」
子ども「かたつむりのあかちゃん！」
保「じゃあ、最後に出てきたおおきなたまごは？」
子ども「きょうりゅうのあかちゃん！」
保「そう、みんな卵から生まれてくる生き物なんだね。それに、生まれたばっかりの時は、みんなあかちゃんだったんだね！　じゃあ、この動物さんたちは、どうやって卵から出てくるんだろう？　卵から生まれるところ、みんな見たことある？」
保「どんな生き物も、最初は小さい赤ちゃんだったんだね。じゃあ、…みんなは？　みんなも小さい赤ちゃんだった？」
子ども「うん！」
保「卵から生まれてきたのかな？」
子ども「ちがう…ママが、僕はママから生まれたんだ、って言っていた！」
保「その通り。みんなはお母さんから生まれたんだよね。じゃあ、みんながどうやってできたのか、という質問に答えたいと思います。」
(4)【スライド②】（きたざわきょうこ作、やなせたかし絵『なぜなの　ママ？』復刊ドットコム、2021）
＊『なぜなの　ママ？』を全部読む。

保「みんながどうやってできたのか、分かったかな？　おかあさんとおとうさんがみんなのことを作ったんだね。それに、みんながあかちゃんになる前の、『あかちゃんのもと』はとっても小さかったことも分かりましたか？」

子ども「うん！」

保「さっき、卵の本を見たけど、鳥のあかちゃんは自分で動いて殻を破って出てきたよね。じゃあ、みんなは？　お腹の中で動いていたのかな？　何かしていたかな？　覚えていますか？」

子ども「覚えてない…」「覚えてないけど、僕はたくさん動いて、お母さんのお腹を蹴っていたって聞いたことある！」

保「そうなんだ、お腹の中でも元気がよかったんだね！　ほかにも、お腹の中のあかちゃんができることってあるのかな、知ってる？」

子ども（いろいろ言う）

（5）【スライド③】（長谷川義史『おへそのあな』ＢＬ出版、２００６）

保「これは、『おへそのあな』という絵本です。お腹の中のあかちゃんは、何をしているかな？」

＊全部読まずに、あかちゃんがお腹の中で何を

▶『なぜなの　ママ？』

していのかが分かる、考えられるページのみを見せて説明する。

保「あかちゃんはお腹の中からお外の様子を見たり、話したりということはできないかもしれない。けど、あかちゃんはお腹の中にいても動いたり、お腹の外の音を聞いたりすることができます。それに、あかちゃんのおへそはお母さんとつながっていて、そこから成長に必要な栄養をもらって大きくなっていきます。あかちゃんはお腹の中にいる時にもいろいろなことを感じ取って、成長しているんだね！」

保「じゃあ、みんなは今、あかちゃんかな？」

子ども「違う！　大きくなったから」

保「そうだよね、最初はみんなあかちゃんでも、今は違うよね。じゃあみんなはどうやって成長してきたのでしょうか？」

保（パワポ⑤）では、最後に、『あかちゃんてね』という絵本をご紹介します。

（6）【スライド④】（星川ひろ子・星川治雄『あかちゃんてね』小学館、2005）

＊あかちゃんの成長・発達の様子について、必要なページを見せながら説明する。

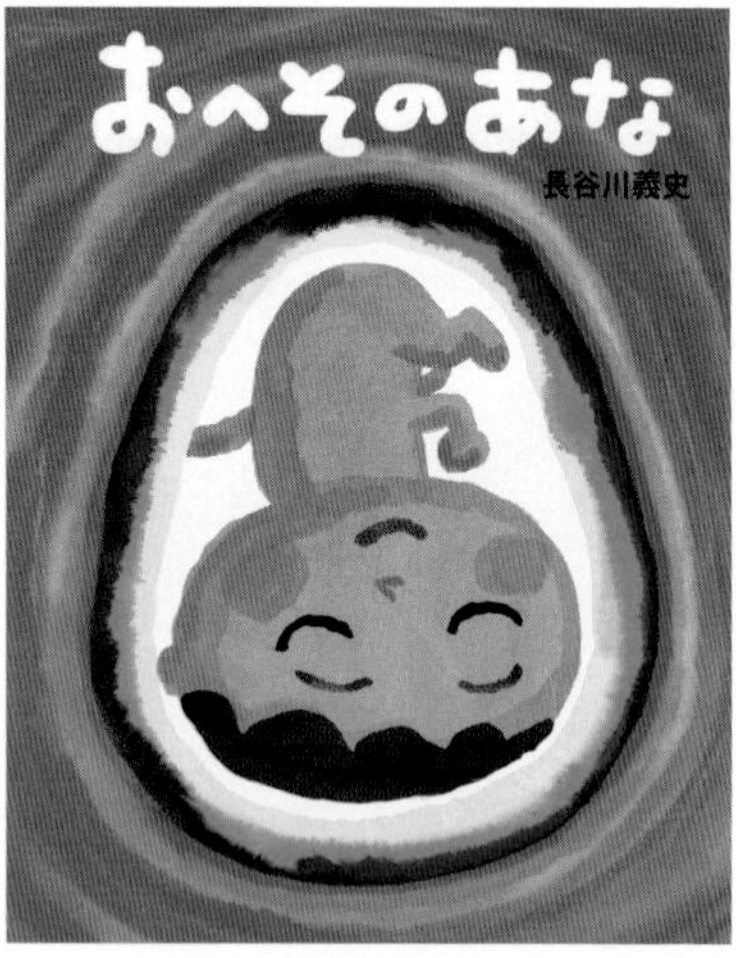

▶『おへそのあな』

保「あかちゃんがどうやって大きくなっていくのか分かりましたか？」
子ども「うん！」
保「みんなもこうやって大きくなってきたんだよ。あかちゃんの時のこと、覚えてる？」
子ども「覚えてる！　いろいろ言う」
保「あかちゃんって一年でこんなに大きくなって、たくさんできることが増えるんだね！」

（7）まとめ

保「今日は、みんなが不思議に思う、あかちゃんについての質問がたくさんありました。あかちゃんはどうやってできて、どこから生まれてくるのか、分かりましたか？」
子ども「分かった！」
保「とっても小さかったみんなが、今こーんなに大きくなった。すごいことだね。おとうさん、おかあさんがいて、みんながいます。みんな、おとうさんおかあさんに「ありがとう」の気持ちをたくさくたくさん伝えてね！」
子ども「うん！」
保「では、今日のミニブックトークはおしまいです。ありがとうございました。」

▶『あかちゃんてね』

4　子どもは、どのような質問をしてくると思いますか？（今回のテーマの他に5つくらい）

睡眠について（なんで夢を見るの？　なんで眠くなるの？　など）・食事について（食べたものってどこにいくの？　なくなっちゃうの？）・排泄について（どうしておしっこが出るの？　どうしておしっこは黄色いの？　透明なの？　どうしておしっこしたくなるの？）・天気について（雨、雪ってなんで降ってくるの？　雲はどうしてあるの？　太陽ってなんで動いているの？　どうして夜は月なの？　どうして虹ができるの？）・血について（どうして血は赤いの？　けがをするとどうして血が出てくるの？　かさぶたができるの？）・身体について（どうして毛が生えるの？　どうして爪があるの？　どうして眉毛、まつ毛があるの？）・どうしてかゆくなるの？　・どうして海はしょっぱいの？　どうして波ができるの？　等

5　ブックトーク作成時の大変だったこと

まず、どのテーマにするか選ぶことが難しかった。幼児の質問を想像すること、そして、そのブックトークを通して自分が子どもたちに何を伝えたいか考えることをした上でテーマ選択をした。テーマが決まった後は、ひたすら子どもの疑問に答えられる絵本探しを行ったが、なかなかテーマに沿った絵本を見つけることができず時間がかかってしまった。テーマにぴったり合う絵本を探すというよりは、様々な絵本を用いて必要な部分を活用していく方法が良いのだと感じた。展開の仕方に関しては、どの絵本を何番目にもってくるか、どのような流れで絵本を用いるのかということ

を考えるのが難しかった。

6　ブックトーク作成後の感想

絵本探しにとても時間がかかった。何個かやりたいテーマを用意し、それに合った絵本を探したが、テーマによっては絵本が全く見つからず何度か断念した。ブックトークでは、題材となる絵本が豊富でなければ伝えられることが限られるという不利な点もあると感じた。しかし、子どもたちの姿を想像しながら分かりやすく展開を考えることができ、絵本にはこのような活用方法もあるのだと、新たに発見した気持がした。ぜひ子どもたちに疑問の答えを伝えるために活用していきたい。

今回、「性教育」という、日本の家庭や園ではあまり積極的に取り扱われない内容について、もし保育で取り扱うとしたらどのようになるかということに興味を持ち、挑戦的に性教育の絵本の活用を試みた。個人的には、性教育は恥ずかしがるようなものではなく小さい頃から正しく知っておく必要のある大切なことであると認識しているが、日本では子どもには曖昧に説明する、というようなことも多くみられるため、その点を考えると挑戦的な内容になったのではないかと感じる。保育で性教育を取り扱った場合、家庭やそれぞれの保育者によっても様々な意見があると思うが、私は今回、性教育を中心にしてブックトーク案を作成してみて、改めて、性に関する正しい内容を取り入れていくことの大切さを感じた。

7　保育にブックトークを導入することについて

絵本により子どもたちに質問の答えを分かりやすく提示でき、とても良いと感じる。口頭で伝えるには限界があるものや、上手く伝えることが困難なものもあるため、絵本で視覚的にも分かりやすく伝えることができて良いと思った。特に、今回自分は性教育の絵本を主軸にもってきたが、口頭で説明することが難しい部分もあるため、それを、絵本を用いて分かりやすく効果的に伝えることができると感じられた。説明が難しい疑問などに関して、積極的に利用していくと良いと感じた。

ミニブックトーク実例B：食べ物の行方　（W・H）

1　テーマ：「食べ物の行方について」（所要時間約30分）

2　対象：5歳児

3　シナリオ

【スライド①】

保「みなさんこんにちは！　今日朝ごはんしっかり食べてきた人は手を挙げてください」

子ども「ほとんどの子どもが手を挙げる」

保「じゃあ、今日うんちしてきた人いますか？」

子ども（何人か手を挙げる）
保「どんなうんちだったかな？」
子ども（それぞれ話す）
保「食べたご飯がそのまま出てきた人いますか？」
子ども（クスクスと笑うが誰も手を上げない）
保「そうだよね。食べたものがそのままの形でうんちになるわけではないね。みんな食べ物を食べて体の中で形が変わってうんちになるよね」
「そこで今日は食べ物の行方についてみんなが不思議に思ったことを絵本を見ながら知りたいなと思うんだけど、何か知りたいことあるかな？」
子ども「なんでおなかがすくとグーってなるの？」「食べ物は口の中で食べた後どこに行くの？」「動物さんのごはんを知りたい！」「動物さんはどんなうんちをするんだろう？「おならはなんで出るのかしりたい？」
保「みんないい質問だね！いろいろな質問が出たけど、一つずつ絵本を読みながら答えていきたいと思います」
【スライド②】（やぎゅうげんいちろう作『はらぺこさん』福音館書店、２０１１）
保「はい、これはやぎゅうげんいちろうさんが描いた『はらぺこさん』という本です。さっそく読んでみたいと思います」

＊14〜21頁を読む

保「みんなどうだったかな？　みんなはどんな時おなかペコペコかな？」

子ども「走った時！」「おうちに帰った時」「　そうだね。みんなおなかペコペコになるよね。そんな時あたまから何が出されるって言ってたかな？」

「はらぺこしんごう！」

保「せいかーい！　じゃあはらぺこ信号はどんな時に出されるのかな？」

子ども「体の燃料が足りなくなった時と数名が答える」

保「おお！　そうだね！　体をたくさん使って燃料が足りなくなるとはらぺこしんごうが出ておなかがぐーっとなるんだね。じゃあお腹がすいてみんながおいしいご飯を食べると食べたご飯はどこに行くんだろう？　わかる人いますか？」

子ども「のどかな？」

保「おお！　いい答えだね。つぎは口に入った食べ物がどこに行くのか見ていきたいと思います。のどに行くのかな？どこにいくのかな？」

【スライド③】（かこさとし『たべもののたび』童心社、1982）

▶『はらぺこさん』

保「次に読むのは『たべもののたび』という絵本です。これはかこさとしさんの絵本です。食べ物が体のいろんなところを旅してるからしっかり見ていてください」

＊絵を見せながら説明する

保「どうかな。面白かったかな？　たべものの一番はじめはももいろトンネルだったね。次はみんなが言ってたみたいにのどの細い道を通ってたね。次はどこだったかな？」

子ども「んー」

保「不思議な広い袋で、噴水があるところ何だったかな」

子ども「あ！　いぶくろこうえんだ！」

保「そうだったね。いぶくろ公園ではふんすいが出て、たべものが溶けちゃうんだったね。そして、食べ物がべちゃべちゃのシチューみたいに変身するんだね。すると今度はどこにいくのかな？」

子ども「ジェットコースター！」

保「お！　いいね！　でもジェットコースターの前に何かつくんだけどわかる人いるかな？　○○腸っていうんだけど」

子ども「なんだったっけなー」「わかった！　小

▶『たべもののたび』

腸！」

保「ピンポーン！　ここで栄養やだいじなものが吸い取られるんだね。必要ないものはだいちょうどおりをとおっておしっこやうんちになるんだね」

保「食べ物がどこに行くのか分かったかな？」

子ども「わかった！」

子ども「食べ物の最後はおしっことかうんちなんだね」「動物も食べるからうんちをするのかな？」

保「いい質問だね。動物さんも食べたものがうんちになるのかな？　次は動物さんについて考えてみたいと思います。最初に動物さんがどんなものを食べてるのか見てみよう」

【スライド④】（たしろちさと文・絵『すずめくんどこでごはんたべるの？』福音館書店、２０１６）

保　次に読む本は『すずめくんどこでごはんたべるの？』という田代千里さんの絵本です。

＊クイズを出し、正解のページを見せる

保「かばさんはなにたべるのかな？」

子ども「おいも！」

子ども「この間お父さんと動物園行ったときキャベツあげたよ」

▶『すずめくんどこでごはんたべるの？』

保「そうなんだ！　たくさん食べてたかな？」
子ども「うん」
保「そっか！　じゃあライオンさん何食べてた？」
子ども「おにく！」「ライオンさん寝てた」
保「そうだね。ライオンさん寝てたのか。今度ご飯食べてるとこ見れたらいいね。動物さんたちどんなうんちするかしってる？」
子ども「あんまりわかんない」
保「そっか。じゃあ次にうんちについてみていきたいと思います」
【スライド⑤】（五味太郎作『みんなうんち』福音館書店、1981）

これは五味太郎さんの『みんなうんち』という絵本です。

＊全部読む

保「どうかなおもしろかったかな？いろんな動物さんたちがうんちしていたね。ゾウさんどんなうんちしてた？」
子ども「おおきいうんち」

▶『みんなうんち』

保「かばさんはどうやってうんちしてたかな？」
子ども「止まってブリブリってうんちしてた」
保「そうね、動物によって大きさもうんちの仕方も片づけ方も違っていたね。そして、最後に『いきものは食べるからみんなうんちをするんだね』って言ってたね」「動物さんも人も、食べるとうんちをしたくなるんだね。

まとめ
保「今日はみんなと一緒に4冊の絵本からおなかがすいてご飯を食べるとどこを通ってどうなるのかを見てきました。みんなが不思議に思ってたことは解決できたかな？」
子ども「できたー！」
保「おお！　それは嬉しいな！　体に栄養を渡す役割がある「ご飯を食べること」ってとても大切なことだったよね。みんなも元気もりもりご飯食べられるかな？」
子ども「はーい！」
保そして、食べ物は体中を通って形を変えて、最後にはうんちになる。生きるためにたくさん働いてくれる体ってすごいよね。そんな体をみんな大切にできるかな？」
子ども「はーい！」
保「もし、風邪ひいちゃったな、体がおかしいな。うんちの色が変だな。ピリピリうんちだったな。

ということがあったら先生に言ってね」
子ども「わかった！」
保「自分の体を大切にしましょう」
「はい、これで今日のミニブックトークを終わりにします」

4　子どもは、どのような質問をしてくると思いますか？

なんで木って大きくなるの？　なんで月って形が違うの？　動物はどうやって生まれるの？

地面の下には何があるの？　川の水ってどこから来るの？

5　ブックトーク作成時に大変だったこと

私は子どもからの質問を考えることが大変だった。子どもの素朴な疑問は何なのか、子どもたちは何を考えるだろうか、子どもたちの視点では何が見えているのだろうかということを考え質問を考えた。その絵本を読んだからこそ出てくる質問などもあるため、ミニブックトークのシナリオはたくさん考えられる。また、その質問に対して適当な絵本を探し、子どもに伝わる言葉で絵本と学びをつなげるシナリオ作成も大変だった。最近では私たち同年代に伝わる言葉での発表やレポートばかりだったので言葉の選択が難しかった。そこで子どもたちが普段使う言葉をイメージして言葉を選択した。絵本を読んだ後に知識を共有するため少し絵本を振り返るように構成した。

6　ブックトーク作成後の感想

ミニブックトークを作成してみて、自分自身にも知識をつけることができたと感じている。ミニブックトークの始まりは自分が知りたいことを考えたので、とても楽しく絵本を探すことができた。しかし、絵本はとても多くの種類があり、表現の仕方も豊富であるため子どもの疑問に適切なものを選ぶことが難しい。そこで保育者が子どもたちの発達状況をしっかり理解しておくことが大切だと感じた。実際にミニブックトークを行う時は保育者自身の疑問も取り入れると、子どもと一緒に学ぶことができ同じ視点に立ちやすいのではないかと考える。どうしておなかが減るのか自分の言葉では説明できなかっただろう。絵本というヒントがあることで子どもたちにも理解しやすく学びを提供できる。また、今回は食べ物の行方についてミニブックトークを作成したが、ほかのテーマでも作成してみたいと感じた。自分の疑問を辞書やネットから答えを導くのではなく、絵本から学ぶことも楽しいという新しい発見があった。これからも絵本の可能性や楽しさを子どもたちに伝えるため自分の絵本のレパートリーを増やしたいと思う。そして、子どもたちが分かりやすい伝え方を考えていきたいと感じている。

7　保育にブックトークを導入することに対して

ミニブックトークに保育者が一方的に話を進めるよりも、子どもたちとの対話を意識して作ることで子どもが自分の気持ちを表現することができる。そして学びを共有したり、疑問を共有したりすることができる。これは一人一人の主体性やコミュニケーション能力が身に付くことにも効果があると感じた。そのためミニブックトークを保育に取り入れることは子どもの知識的な学びだけでなく、社会性を学ぶことができるため子どもにとって有意義なものだと考える。また、ミニブックトークを通して子どもの興味関心の幅が広がる可能性がある。子どもの疑問に対してブックトークでヒントをもらい、さらに自分で調べて動物博士のように多くの知識を持つ子。食べ物の作り方や育て方などの知識を得たことで、家で料理を作ってみるなどの姿も想像できる。ミニブックトークが子どもの世界を広げていくのではないだろうか。そして、文字や図への興味関心にもつながっていく。これは絵本だけでなく掲示板やお便りなどにも興味を持たせることができ、就学前の子どもにとって小学校での学びにつながることが期待できる。これらのような効果が期待できるため、保育にミニブックトークを取り入れることは重要だと考える。

ミニブックトーク実例C：「はたらくくるま」（Y・S）

1　テーマ：「はたらくくるまについて」

2　対象年齢：4、5歳児

3　シナリオ

【スライド（テーマ）】

保「みなさん、こんにちは。保育園までどうやってきましたか？」

子「ママの自転車、車、電車などそれぞれ言う。」

保「車で保育園まで来たお友達がいるね。
　みなさんの周りにはいろいろな車が走っているけれど、どんな車があるかな？」

子「しょうぼうしゃ！　きゅうきゅうしゃ！　タクシー！」
などいろいろ言う。

保「そうだね。いろいろな車があるね
　今日はその中でもまちのために働いている車を絵本を使って紹介したいと思います。」

【スライド①】（鈴木まもる作・絵『はたらくじどうしゃ』金の星社、２０２０）

保「これは、鈴木まもるさんの『はたらくじどうしゃ』という絵本です。
　今からこの絵本を読みたいと思います。みなさんが言ってくれた車たちが登場するかもしれませんよ。」

＊全部読む。

【スライド②】

▶『はたらくじどうしゃ』

保「どうでしたか？たくさんはたらくくるまがでてきたけれど、どんなはたらくくるまがでてきたか覚えているかな？」
子「パン屋さん！　ショベルカー！　トラック！　バス！　ゴミ収集車！　郵便車！」
などそれぞれ言う。
保「そうだね。この絵本に出てきた車たちをみなさんは見たことはあるかな？」
子「あるよー」
子「ぼくはパン屋さんの車見たことない」
保「見たことある車とそうではない車があるんだね。じゃあ、この車たちがどんなお仕事をするかは知っているかな？」
子「ゴミ収集車はごみを持って行ってくれるよ！」
子「トラックはいろいろなもの運んでる！」
保「おお！　みんなよく知ってるね。じゃあ、次はみんなを乗せて走るバスはどんなお仕事をしているのかな？」
子ども　それぞれ言う。
保「さあ、どうでしょう？」
【スライド③】（やまもとしょうぞう作、いしはらじゅん絵『はたらくくるま　みんなのバストマリー』くもん出版、2011、品切れ・重版未定）

＊『はたらくくるま　みんなのバストマリー』を使って、普段バスがどのような仕事をしているのかを見せたいページに付箋を貼っておき、数ページ見せながら説明する。

保「さあ、バスのトマリーはどのようなお仕事をしていたかな？」
子「ねずみを乗せて走っていた！」
子「ぴんぽーんって鳴ってみんなのところに止まった！」
保「そうだね。バスはお客さんを乗せて街中を走って、行きたいところまで連れて行ってくれる車です。みなさんも乗ったことがあるかもしれませんね。」
子「わたしが乗ったバスは赤色だった」
保「バスには、いろいろな色のバスや、絵が描かれているバスが走っているよね。」
【スライド④】（やまもとしょうぞう作、いしはらじゅん絵『はたらくくるま　しょうぼうじどうしゃウー』くもん出版、2011、品切れ・重版未定）
保「じゃあ赤色という言葉が出てきたので、ここでみなさんにクイズです。赤色で火を消しに行くかっこいいはたらくくるまはなんでしょうか？」

▶『はたらくくるま　みんなのバストマリー』

子「しょうぼうしゃ！」

保「さすが！　みんな知っているね。正解です。次は消防車がどんなお仕事をしているか紹介したいと思います。『はたらくくるましょうぼうじどうしゃウーウー』という絵本を使って紹介します。」

＊見せたいページに付箋を貼っておき、必要なページだけ見せながら説明する。

保「消防車は、街の見回りや、高いところから降りることができない人を助けたり、火事が起きたら火を消すことがお仕事です。みんなを守ってくれているんだね。」

子「いつも家の近くでウーってサイレンきこえるよ」

子「ぼくはレスキュー車がすき！」

保「消防車の種類まで知っているんだ。消防車に詳しいね。」

【スライド⑤】（シェリー・ダスキー・リンカー文、トム・リヒテンヘルド絵、福本友美子訳『おやすみ、はたらくくるまたち』ひさかたチャイルド、２０１６）

保「ここまでたくさんのはたらく車たちがでてきたけれど、この車たちも疲れてしまうときがあります。みなさんなら疲れたときは何をしますか？」

▶『はたらくくるましょうぼうじどうしゃウーウー』

子「やすむ！　ねる！　ご飯食べる！」

保「だれか言ってくれましたね。そうです。はたらくくるまたちも眠ります。『おやすみ、はたらくくるまたち』を読みたいと思います。」

＊全部読む。

保「どうだったかな？　車たちもぐっすり眠っていたね。みなさんも疲れたらいっぱい寝て、次の日も頑張れるようにしましょう。」

まとめ

保「このようにみなさんの周りにはたくさんのはたらくくるまたちがいます。他にもたくさんのはたらくくるまがいます。今日は4冊の絵本を紹介しましたが、これらの絵本にでてきた以外にも街中で探してみてください。」

子「わかった！」

保「今日のブックトークはおしまいです。」

▶『おやすみ、はたらくくるまたち』

4　子どもは、どのような質問をしてくると思いますか？

動物のうんちってどんなの？　空を飛ぶ車ってあるの？　洋服ってどうやってつくるの？　虫って何匹いるの？

5　ブックトーク作成時に大変だったこと

子どもの質問や反応を予想しながら作ることが大変でした。大人が見ているものと子どもが見ているものは違うので、自分の子ども時代を思い出しながら、作成しました。

6　ブックトーク作成後の感想

ブックトーク作成に入る前は難しいなと思い不安でしたが、作成し始めたら楽しくなり、自分が子どもだったらどんなことを質問するだろうなどと考えることができ、どのようにしたら楽しむことができるかを考えながら作成することが楽しかったです。ブックトークで設定するテーマは無限にあるなと感じました。

7　保育にブックトークを導入することに対して

保育にブックトークを導入することで、子どもたちはたくさんのものに興味を持ち、触れようとすることができ、保育者は子どもとのコミュニケーションもとることができると感じました。そして、興味をもった絵本を読むことで子どもの言葉の発達にもつながると感じました。

(5) 理科離れへの歯止め

幼児期のあふれんばかりの好奇心に応えるには、並大抵の知識では太刀打ちできません。生半可な知識で応えたり、「後でね」などと言ってせっかく芽生えた疑問に即座に応えない姿勢は貴重な科学への興味をつぶしかねません。未来へと向かって生きている子どもにとって、その場でその疑問を解消する方法としてミニブックトークは、一つの有効な方法です。しかし、問題点としては、身近なところに絵本がないとすぐに見せることができないことです。これからは保育園や幼稚園、認定こども園には、子どもにとって必要な絵本の蔵書を、ぜひ備えていっていただきたいと思います。

今回は、学生のミニブックトークの具体例を三例しかご紹介できませんでしたが、他にも保育者を目指して、子どもからの質問を想定しながら、さまざまなブックトークの提案をしています。絵本は、しりたがりやのこどもの疑問質問に満足な回答を絵本を通じて解消できることがわかっていただけたでしょうか。

どれも、実際の子どもをシミュレーションして組み立てたものですが、実際にも十分に応用できると思います。こうしたブックトークは、本来は図書館サービスとして発展してきた方法ですが、これからは、幼児教育や保育の方法論として取り入れてほしいと考えています。

実践編のまとめ（第5章～7章）

- 絵本は仲間と共有することにより、合言葉が生まれ、ことば遊びも楽しむことができる。
- 絵本は仲間との共通体験となり、ごっこ遊びに発展することも多い
- 絵本はクラスでの共通体験となり、保育者や仲間との距離が縮まる。
- 基本的生活習慣も絵本を通して、楽しく身に付けることが出来る。
- 仲間と読むことで、より空想が広がり、仲間と一緒にイメージの世界で遊ぶことができる。
- ミニブックトークをすることで、子どもの興味関心をより深く広く広げることができる。
- ミニブックトークにより、興味をもった絵本から読書につながることも多い。

あとがき

この本は、ＳＮＳ時代の子育てと保育にあえて絵本を生かしてほしいという願いをこめて、「ＳＮＳ時代の子育てと保育」という副題をつけました。スマホ等を小さい頃から与えると、発達にどのような影響があるかという研究はまだ始まったばかりです。人間として歩み始めた子どもにとって、便利な電子機器より、ひととひとが直接ふれあう経験が何より大切だと考えています。

保育所や幼稚園でもの体験談は、どれも実際に絵本を保育に活用している実例です。どのエピソードからも子どもたちの息づかいが聞こえてきそうです。絵本をじっくり読む時間がなかなかとれないこともあるかもしれません。しかし、絵本は、子どもが主体的に行動するきっかけとなっており、子育てや保育、幼児教育におおいに貢献する力をもっていると思います。

私の恩師である石井桃子先生は、次のようなことばを遺してくれました。

本は友だち。一生の友だち。
子ども時代に友だちになる本、
そして大人になって友だちになる本。

本の友だちは一生その人と共にある。
こうして生涯話しあえる本と
出あえた人は、仕あわせである。

（中川李枝子他3名『石井桃子のことば』新潮社、2014）

ご家庭でも、保育の現場でも、絵本が蒔いた種は、子どもが成長するとともに、芽を出し、葉をつけ、いろいろな花を咲かせ、実をつけていくことでしょう。「デジタルにあふれた世界でふれる身近な人との温い時間」を大切に本が生涯の友となるようおとな自身も楽しんで絵本を子育てや保育に活用していただけたら、この上ない喜びです。

本書執筆にあたっては、たくさんのエピソードや写真を提供してくださった谷戸幼稚園の伊藤裕子園長、麻の実幼稚園の當麻祐子園長、足立区立中央本町保育園の中山清子園長に深く感謝申し上げます。また本書の基盤となる絵本の愉しみを教えてくださった石井桃子先生、松岡享子先生、中川李枝子先生、佐々梨代子先生に心からの敬意をもってお礼申し上げます。もちろん大好きな家族の協力がなければ、本書を完成させることもできませんでした。心よりありがとうのことばをおくります。

【付記】 本書は、2022年度の白鷗大学学術出版助成金交付を受けています。

参考文献

はじめに

橘玲『幸福の資本論――あなたの未来を決める「3つの資本」と「8つの人生パターン」』ダイヤモンド社、2017

第1章

アリソン・ゴプニック、青木玲訳『哲学するあかちゃん』亜紀書房、2010
山口創『子供の「脳」は肌にある』光文社新書、2004
西村清和『遊びの現象学』、勁草書房、1989
開一夫『赤ちゃんの不思議』岩波書店、2011
かがくいひろし『だるまさんが』ブロンズ新社、2008
柳原良平『かおかおどんなかお』こぐま社、2015
五味太郎『きんぎょがにげた』福音館書店
松谷みよ子 文・瀬川康男 絵『いないいないばあ』童心社、1967
わかやまけん『しろくまちゃんのほっとけーき』こぐま社、1972
とよたかずひこ『どんどこももんちゃん』童心社、2001
たにかわしゅんたろう、もとながさだまさ絵『もこもこもこ』文研出版、1977

第2章

羽生悦子『赤ちゃんはことばをどう学ぶのか』中公新書、2019

アン・サリバン、遠山啓序、槇恭子訳『ヘレン・ケラーはどう教育されたか――サリバン先生の記録』明治図書出版、1995
齋藤有・内田伸子「幼児期の絵本の読み聞かせに母親の養育態度が与える影響：「共有型」と「強制型」の横断的比較」『発達心理学研究』24巻2号、2013
森慶子「「絵本の読み聞かせ」の効果の脳科学的分析――NIRSによる黙読時、音読時との比較・分析」『読書科学』56巻2号、2015
川島隆太・安達忠夫『脳と音読』講談社、2004
平山和子『くだもの』福音館書店、1981
北山修編『共視論――母子像の心理学』講談社、2005
大藪秦『共同注意――新生児から2歳6カ月までの発達過程』川島書店、2004
東京子ども図書館編『昔話と子どもの空想』東京子ども図書館
L・S・ヴィゴツキー、柴田義松訳『思考と言語』新読者、2001
M・トマセロ、大堀壽夫ほか訳『心とことばの起源を探る――文化と認知』勁草書房、2006
モーリス・センダック、じんぐうてるお訳『かいじゅうたちのいるところ』冨山房、1975
俵万智『リンゴの涙』文藝春秋、1992
俵万智『サラダ記念日』河出書房新社、1987
明子『おでかけのまえに』福音館書店、1981
土方久功『ぶたぶたくんのおかいもの』福音館書店、1985
浅木尚実・末永恭子「乳幼児期（1歳から3歳児）の言語獲得について『絵本の読み聞かせ』とリテラシー」白鷗大学教育学部論集第14巻第23号　2020年11月
正高信男『子どもはことばをからだで覚える』中公新書、2001

第３章
小西行郎『赤ちゃんと脳科学』集英社、２００３
子どもたちが聞く言葉：絵本言語学習の統計（Jessica L Montag "The Words Children Hear: Picture Books and the Statistics for Language Learning," *Psychological Science*, 26(9), 2015.)
カンザス大学のベティ・ハート博士とトッド・ライズリー博士が、幼児の日常生活を調査した『幼児期の生活体験の差（Meaningful Differences in the Everyday Experience of Young American Children)』https://www.niye.go.jp/files/items/6876/File/【概要】子どもの頃の読書活動の効果に関する調査研究.pdf
ジム・トレリース、鈴木徹訳『できる子に育つ魔法の読みきかせ』筑摩書房、２０１８（*Jim Trelease's Read-Aloud HANDBOOK Eighth Edition*, PENGUIN BOOKS, 2017.)
伊藤進『〈聞く力〉を鍛える』講談社現代新書、２００８
板倉徹『ラジオは脳にきく　頭脳を鍛える生活習慣』東洋経済新報社、２０１１
ＯＥＣＤ編著、秋田喜代美他訳『ＯＥＣＤ保育の質向上白書――人生の始まりこそ力強く：ＥＣＥＣのツールボックス』明石書店、２０１９
メアリアン・ウルフ、小松淳子訳『プルーストとイカ――読書は脳をどのように変えるか？』インターシフト、２００８
デイヴィッド・エルカインド他、戸根由紀恵訳『急がされる子どもたち』紀伊国屋書店、２００２、
ドロシー・バトラー、百々佑利子訳『クシュラの奇跡』のら書店、１９８４
藤本朝巳・生田美秋編著『絵を読み解く絵本入門』ミネルヴァ書房、２０１８
第４章
みうらたろう『くっついた』こぐま社、２００５

下斗米淳編『シリーズ自己心理学　第6巻　社会心理学へのアプローチ』金子書房、2008
「子どもの幸福度調査」（www.nier.go.jp-UnicefChildReport.pdf）
長新太『ゴムあたまのポンたろう』童心社、1998
かがわりえこ 作、おおむらゆりこ 絵、『ぐりとぐら』福音館書店、1963
中川李枝子『本・子ども・絵本』文芸春秋、2018
福音館書店母の友編集部編『ぼくらのなまえはぐりとぐら――絵本「ぐりとぐら」のすべて』福音館書店、2001
渡辺茂男 作、山本忠敬 絵『しょうぼうじどうしゃじぷた』福音館書店、1966
加古里子『だるまちゃんとかみなりちゃん』福音館書店、1968
西内ミナミ 作、堀内誠一 絵『ぐるんぱのようちえん』福音館書店、1966
マリア・ニコラエヴァ&キャロル・スコット、川端有子・南隆太訳『絵本の力学』玉川学園出版部、2011
三宅興子『日本における子ども絵本成立史――こどものともがはたした役割』ミネルヴァ書房、1997
デボラ・プラマー、小杉恵・上利令子訳『自己肯定・自尊の感情をはぐくむ援助技法――よりよい自分に出会うために』生活書院、2009
瀬田貞二『絵本論――瀬田貞二子どもの本評論集』福音館書店、1985
Satir, V., *Peoplemaking*, London, Souvenir Press.
ウィリアム・ペーンデュボアほか、松岡享子訳『ものぐさトミー』岩波書店、1977
ビアトリクス・ポター、いしいももこ訳、福音館書店　新装版改、2019
いとうひろし『ごきげんなすてご』徳間書店、1995
石井桃子『石井桃子集7』岩波書店、1999
マリー・ホール・エッツ、よだじゅんいち訳『わたしとあそんで』、福音館書店、1968
ドン・フリーマン、まつおかきょうこ訳『くまのコールテンくん』偕成社、1975

林明子『こんとあき』福音館書店、１９８９
ウィリアム・スタイグ、おがわえつこ訳『ゆうかんなアイリーン』らんか社、２０２１
ウィリアム・スタイグ、せたていじ訳『シルベスターとまほうのこいし』評論社、１９７５
速水敏彦『他人を見下す若者たち』講談社、２００６
浅木尚実編著『絵本から学ぶ子どもの文化』同文書院、２０１５
ブルーノ・ベッテルハイム、波多野完治・乾侑美子翻訳『昔話の魔力』評論社、１９７８

第5章
さとうわきこ『せんたくかあちゃん』福音館書店、１９８２
大塚健太作、柴田ケイコ絵『うごきません。』パイ インターナショナル、２０２０
tupera tupera 作・絵『しろくまのパンツ』ブロンズ新社、２０１２
ヨシタケシンスケ作・絵『おしっこちょっぴりもれたろう』ＰＨＰ研究所、２０１８
シゲタサヤカ『たべものやさんしりとりたいかいかいさいします』白泉社、２０１９
せなけいこ『ちいさなたまねぎさん』金の星社、１９７７
ならさかともこえ『もりのぴざやさんん』偕成社、１９９４
ロシアの昔話、Ａ・トルストイ、内田莉莎子訳、佐藤忠良画『おおきなかぶ』福音館書店、１９６６
カズコ・Ｇ・ストーン『きんいろあらし』福音館書店、１９９８

第6章
さとうわきこ『すいかのたね』福音館書店、１９８７
田中友佳子作・絵『かっぱのかっぺいとおおきなきゅうり』徳間書店、２００６

かこさとし『とんぼのうんどうかい』偕成社、1972
香山美子作、柿本幸造絵『どうぞのいす』ひさかたチャイルド、1981
にしかわおさむ『おじいさんと10ぴきのおばけ』ひかりのくに、2002
きのゆみこ・上野与志作、末崎茂樹絵『わんぱくロボットランド』ひさかたチャイルド、1995
グリム原作、いもとようこ文・絵『こびとのくつや』金の星社、2006
ふくざわゆみこ『ぎょうれつのできるすうぷやさん』教育画劇、2009

第7章

青木淳子他『キラキラ応援ブックトーク――子どもにすすめる33のシナリオ』岩崎書店、2009
村松泰子編、河野銀子他『理科離れしているのは誰か――全国中学生調査のジェンダー分析』日本評論社、2004
星川ひろ子・星川治雄『あかちゃんてね』小学館、2005
いしかわこうじ『たまごのえほん』童心社、2009
山岡ひかる『いろいろたまご』くもん出版、2007
きたざわきょうこ『なぜなの　ママ?』やなせたかし絵、復刊ドットコム、2021
長谷川義史『おへそのあな』BL出版、2006
星川ひろ子・星川治雄『あかちゃんてね』小学館、2005
やぎゅうげんいちろう『はらぺこさん』福音館書店、2011
たしろちさと『すずめくんどこでごはんたべるの?』福音館書店、2016
五味太郎『みんなうんち』福音館書店、1981
鈴木まもる『はたらくじどうしゃ』金の星社、2020
やまもとしょうぞう他『はたらくくるま　みんなのバストマリー』くもん出版、2011（品切れ）

やまもとしょうぞう他『はたらくくるましょうぼうじどうしゃウーウー』もん出版、2011（品切れ）
シェリー・ダスキー・シンカーほか、福本友美子訳『おやすみ、はたらくくるまたち』ひさかたチャイルド、2016

あとがき

中川李枝子他3名『石井桃子のことば』新潮社、2014

執筆協力者（所属，執筆担当エピソード）

伊藤裕子（いとうゆうこ，谷戸幼稚園園長）
當麻祐子（とうまゆうこ，麻の実幼稚園園長）
中山清子（なかやまきよこ，足立区立中央本町保育園園長）

第5章

高木徹也（たかぎてつや，谷戸幼稚園）せんたくかあちゃん／きんいろあらし
春日未来（かすがみき，麻の実幼稚園）うごきません。
田中仁美（たなかひとみ，麻の実幼稚園）しろくまのぱんつ
石井美紗（いしいみさ，麻の実幼稚園）おしっこちょっぴりもれたろう
青木菜津美（あおきなつみ，麻の実幼稚園）たべものやさんしりとりたいかいかいさいします
久保田麻美（くぼたあさみ，麻の実幼稚園）ちいさなたまねぎさん
中山清子（なかやまきよこ，足立区立中央本町保育園）もりのピザやさん
荒木保奈美（あらきほなみ，麻の実幼稚園）おおきなかぶ

第6章

高木徹也（たかぎてつや，谷戸幼稚園）すいかのたね／とんぼのうんどうかい
谷口里乃（たにぐちりの，谷戸幼稚園）かっぱのかっぺいとおおきなきゅうり／わんぱくだんのロボットランド
清水恵美（しみずめぐみ，麻の実幼稚園）どうぞのいす
當麻祐子（とうまゆうこ，麻の実幼稚園）どうぞのいす／10ぴきのおばけシリーズ
落合えりな（おちあいえりな，麻の実幼稚園）10ぴきのおばけシリーズ
猪俣桂子（いのまたけいこ，谷戸幼稚園）まじょのふるどうぐや
加藤あゆな（かとうあゆな，麻の実幼稚園）はらぺこあおむし
中山清子（なかやまきよこ，足立区立中央本町保育園）こびとのくつや
遠藤さやか（えんどうさやか，麻の実幼稚園）ぎょうれつのできるおいしいえほん

〈著 者〉
浅木尚実（あさぎ・なおみ）
現在　白鷗大学教育学部教授
主著
『絵本で学ぶ子どもの文化』（編著）同文書院，2018年。
『絵を読み解く絵本入門』（共著）ミネルヴァ書房，2018年。
『子どもの読書を考える事典』（共著）朝倉書店，2023年。

絵 本 力
――SNS 時代の子育てと保育――

2023年 3 月30日　初版第 1 刷発行　〈検印省略〉
2024年10月20日　初版第 2 刷発行

定価はカバーに
表示しています

著　者　浅 木 尚 実
発 行 者　杉 田 啓 三
印 刷 者　中 村 勝 弘

発行所　株式会社　ミネルヴァ書房
607-8494 京都市山科区日ノ岡堤谷町 1
電話代表 (075)581-5191
振替口座 01020-0-8076

中村印刷・吉田三誠堂製本

ISBN978-4-623-09342-7

Printed in Japan